EL NUEVO LIBRO DE

El bichón

Min Kyun Ju

TIKAL

Dirección editorial: Isabel Ortiz
Texto: Min Kyun Ju (Cimillet Maltese)
Fotografías: Min Kyun Ju y archivo fotográfico Freepik.es
Revisión de texto: Carmen Blázquez
Maquetación: Estelle Talavera
Preimpresión: Natalia Rodríguez

La autora
Min Kyun Ju es criadora/expositora de bichón maltés
con afijo Cimillet Maltese desde 2010 y jueza de
concursos caninos de la Real Sociedad Canina de
España desde 2014.

© Susaeta Ediciones S.A.
  Tikal Ediciones
C/ Campezo, 13 - 28022 Madrid
Teléfono: 91 3009100
ediciones@susaeta.com

D.L.: M-2275-2025

ÍNDICE

PRESENTACIÓN

Según ha ido cambiando la sociedad y la manera de vivir, cada vez el núcleo familiar es más reducido. Ya es muy frecuente encontrar familias de una sola persona, una pareja, o familias con un solo niño. Y ello, por un motivo u otro, ha atraído a las casas la compañía de estos seres pequeños y amigables para compartir nuestro estilo de vida.

Cada vez hay más restaurantes y alojamientos que admiten mascotas, una tendencia que está limitada al tamaño de las mascotas; y en ese aspecto, los bichones son muy atractivos.

Bichón es una palabra francesa que se refiere a cualquier perro pequeño de pelo largo. Algunos creen que el término puede derivar de *barbichon*, relacionada con *barbet*, nombre genérico para un perro con un pelaje largo, rizado y lanudo. El denominador común de todos ellos es que son pequeños, blancos, de pelaje rizado y carecen de características distintivas de raza. Las características identificables de la raza que vemos ahora se han conseguido exclusivamente a través de programas de cría cuidadosamente planificados a lo largo de muchos años.

El grupo de los bichones lo forman principalmente cuatro razas caninas pequeñas: maltés, frisé, boloñés y habanero, todas apreciadas por su carácter afectuoso y aspecto encantador. Originarios de diversas partes de Europa, estos perros destacan por su pelaje suave y su personalidad alegre. Aunque hay otras razas que veremos más adelante y están englobadas dentro del grupo de los «Bichones y razas semejantes» según la clasificación de la FCI, el máximo organismo mundial en cuanto a las razas caninas, los bichones, tal como las conocemos, comprenden estas cuatro razas.

El grupo de los bichones tiene una historia rica y variada. Sus ancestros acompañaron a marineros y comerciantes fenicios, y fueron desarrollados en varias regiones de Europa, principalmente en el Mediterráneo. Durante el Renacimiento, los bichones eran populares entre la nobleza europea, especialmente en las cortes de Francia, España e Italia.

Actualmente la popularidad de cada tipo de bichón depende de los países: el bichón maltés es el más numeroso a nivel mundial como raza de compañía, seguido de bichón frisé, muy popular en países asiáticos y Estados Unidos, el bichón habanero en tercer lugar, con una presencia importante en los países nórdicos de Europa, y por último bichón boloñés, que es el más difícil de encontrar.

Todos ellos comparten las virtudes tan apreciadas en este grupo; cercanía, simpatía y un carácter amoroso hacia las personas. Estas cualidades los convierten en las razas de compañía por excelencia, como se ha demostrado a lo largo de muchos años de convivencia con los seres humanos.

Los bichones son perros pequeños, generalmente con un peso de entre 3 y 8 kg y una altura de entre 20 y 30 cm. El de menor talla es el bichón maltés, y el mayor el habanero. Su pelaje es una de sus características más distintivas, siendo suave, denso, rizado, ondulado o liso dependiendo de la raza. Requieren un mantenimiento regular para evitar enredos. Igualmente, el

tipo de corte puede variar según las necesidades de ellos y de las familias que conviven.

Con un temperamento que les distingue y realza como perros de compañía, son conocidos por ser amables, juguetones y muy afectuosos con sus dueños. Se adaptan bien a la vida en un piso y consiguen ser uno más en la familia.

Son compañeros ideales para familias y personas de todas las edades debido a su tamaño manejable y naturaleza afectuosa. Con el cuidado adecuado, estos encantadores perros pueden proporcionar años de amor y alegría, siendo su vida media entre 12 y 15 años.

NUESTRO BICHÓN EN CASA

1. CÓMO ELEGIR UN BUEN CACHORRO.
Su nueva casa

Elegir un cachorro para incorporar a la familia es una decisión emocionante y significativa, tanto para las familias primerizas como otras que ya tienen alguna mascota. Es crucial tener en cuenta que un cachorro de 3 meses es un bebé que necesitará un entorno familiar y tranquilo para aprender y crecer. Hay ciertos factores que pueden ayudar a tomar esta decisión para escoger el cachorro perfecto. Es importante conocer las características de cada raza, su temperamento, junto al estilo de vida de la nueva familia para que uno pueda disfrutar desde el primer día de su llegada.

Para ello es fundamental mantener una buena comunicación con el criador y conversar en profundidad, desde el primer contacto hasta la entrega del cachorro, lo que puede suponer desde semanas a meses de espera.

El objetivo es asegurar que cada cachorro encuentre el hogar más adecuado para sus necesidades y temperamento. Aconsejo encarecidamente a las familias que escuchen y sigan los consejos proporcionados, ya que cada cachorro es único y tiene diferentes necesidades. Elegir un cachorro solo por su apariencia o por un capricho puede dar lugar a frustraciones tanto para la familia como para el perro. Las características morfológicas suelen ser las que atraigan a la familia y la mayoría tiene muy claro lo que desea. Pero quizá lo más importante sea el carácter, ya que este varía según el ejemplar aunque sea de la misma camada. Y para ello no hay una persona que esté en mejor posición que el criador para guiar sobre cómo lograr que el perro se ajuste de la mejor forma a la dinámica familiar.

Los bichones son generalmente razas tranquilas, de tamaño pequeño, y no necesitan mucho ejercicio, ya que han sido seleccionados en su crianza durante muchos años para ser los compañeros ideales. En este aspecto no son exigentes con la duración e intensidad de los paseos o juego cada día, ni necesitan espacios muy amplios para su vida diaria. Ello no quiere decir que sean razas que puedan quedarse en casa y con salidas mínimas para hacer sus necesidades. Todos aman salir fuera a tener ratos de juego y explorar nuevos entornos junto a sus dueños, y son activos disfrutando del tiempo con la familia, pudiendo llegar a ser incansables con su juego favorito.

Los bichones son ideales para familias que prefieren una vida tranquila. Es fundamental proporcionarles la atención y compañía que ellos requieren. Recordemos que, aunque estos perros nos acompañan y nos brindan su amor, necesitan recibir la misma atención de nuestra parte para estar completamente felices.

Por esta razón los siguientes puntos son esenciales para asegurar una elección adecuada al seleccionar un cachorro de bichón.

TIEMPO DISPONIBLE

Cuidar de un cachorro requiere tiempo y dedicación. Es importante considerar cuánto tiempo puede dedicar la familia a la educación, socialización y cuidado del cachorro. Además de ello, todos los bichones tienen un manto que necesita un cuidado regular. Esta tarea la pueden realizar los propios dueños o buscar a un profesional para el baño, peinado y corte de pelo regular para mantener un nivel óptimo de salud e higiene.

CONSIDERACIONES SOBRE LOS MIEMBROS DE LA FAMILIA

Si hay niños en la casa, es importante tener en cuenta la edad del niño para la interacción con el cachorro. Los niños muy pequeños no son conscientes del trato correcto con los cachorros de tamaño pequeño, y de manera inconsciente pueden provocar daños o lesiones en sus juegos e interacciones con el cachorro. Si hay niños muy pequeños es aconsejable que el cachorro tenga un poco más de edad y siempre bajo vigilancia cuando estén juntos.

Cuando en la casa hay personas mayores se ha observado que los bichones tienen un papel emocional importante debido a su naturaleza afectuosa y su tamaño manejable.

Con su alegría y vivacidad, más de una familia con algún mayor comenta que les ha devuelto la alegría de la juventud aportando más vida social con los paseos y encuentros con otros amantes de los animales.

La elección de un cachorro es una decisión que debe tomarse con cuidado y consideración. Al evaluar el estilo de vida y los miembros de la familia, y al seguir los consejos de un criador experimentado, se puede garantizar que el cachorro se adapte bien a su nuevo hogar y crezca para ser un perro feliz y equilibrado. Recuerda, la paciencia y el amor son esenciales en este proceso, y con el tiempo, su cachorro se convertirá en un miembro valioso e inseparable de la familia.

2. LLEGADA AL NUEVO HOGAR.
Acogida y alojamiento

La llegada de un cachorro a su nuevo hogar es un momento emocionante y lleno de expectativas. Para asegurar una transición suave y confortable, es crucial proporcionar una acogida cálida y un ambiente recogido. Un cachorro de 3 meses necesita tiempo para adaptarse a su nuevo entorno, y contar con un espacio definido y acogedor puede ser clave para su estabilización y bienestar.

Unos días antes de su llegada debemos pensar en el espacio para el cachorro. Y aquí nos ayuda ponernos en su lugar, siendo un bebé que ha crecido en un ambiente con otros hermanos y nunca se ha separado de su madre ni de su familia, es separado y llevado de un día para otro con seres de diferente especie.

Aunque no percibamos sus momentos de tensión y temor escondidos detrás de la curiosidad innata no quiere decir que no los tenga, y tenemos que ser especialmente sensibles y comprensivos con el cachorro.

CREAR UN ÁREA DESIGNADA

Es fundamental que el cachorro tenga un área específica en la casa que sea solo para él. Esto no solo le proporciona un lugar seguro y cómodo, sino que también ayuda a establecer límites desde el principio.

Para su zona de descanso conviene colocar una cama cómoda y algunos juguetes en un lugar tranquilo y apartado del bullicio de la casa. Evitamos las áreas de mucho tráfico, como la cocina o el salón, donde podría sentirse abrumado.

En los primeros días, limita su acceso a ciertas partes de la casa. Esto puede ser a través de puertas para bebés o utilizando una jaula de entrenamiento. Un espacio más reducido le permitirá sentirse más seguro y ayudará a evitar accidentes. No olvidemos que son razas de tamaño pequeño y los primeros días debemos estar muy atentos con todo aquello que podría causar accidentes no deseados.

2. Llegada al nuevo hogar

Aunque nos sintamos felices y alegres con la llegada del cachorro, hay que ser pacientes hasta que el cachorro se habitúe al nuevo ambiente evitando los espacios demasiado abiertos.

Permitir que el cachorro deambule libremente por toda la casa desde el primer día puede ser abrumador para él. Los espacios demasiado abiertos pueden hacer que se sienta perdido y ansioso. Al tener un espacio más contenido, el cachorro podrá explorar y acostumbrarse a su nuevo hogar de manera gradual.

Una manera muy efectiva de que se vaya acostumbrando a cada espacio de la casa es ir presentándolo cada 2 o 3 días diferentes habitaciones y lugares de la casa hasta que la conozca del todo.

BENEFICIOS DE UN AMBIENTE RECOGIDO

Estabilización emocional

Un ambiente recogido proporciona seguridad y predictibilidad al cachorro. Saber dónde está su cama, sus juguetes y su comida le ayuda a sentirse más seguro en su nuevo entorno. Esto es especialmente importante durante los primeros días, cuando el cachorro está adaptándose a muchos cambios.

Favorecer el entrenamiento

Tener un área designada facilita el entrenamiento, especialmente en cuanto a la higiene y las rutinas diarias. El cachorro aprenderá más rápido dónde debe ir al baño y dónde puede encontrar sus per-

tenencias. Esta claridad es fundamental para su desarrollo y para establecer una relación positiva con su entorno.

Reducción del estrés

Un entorno controlado reduce el riesgo de accidentes y comportamientos destructivos que pueden surgir del estrés o la ansiedad. Al limitar su espacio, se minimizan las oportunidades de masticar objetos inapropiados o de tener accidentes en áreas no designadas.

ACCESORIOS NECESARIOS A LA LLEGADA DEL CACHORRO

Camas de descanso

Cuando elijas una cama para el cachorro intenta escogerla de un tamaño no muy grande para que sea acogedora. Ten en cuenta que la mayoría de los perritos vienen de estar rodeados de los hermanos y su familia perruna, y cuando llegan a su nueva casa normalmente se sienten aislados y desorientados, además de que tienen mucho que aprender desde cero.

Proporcionarle una cama acogedora y mullida ayuda mucho a que se relaje; es aconsejable tener varios peluches de su tamaño e incluso un poco más grandes para que pueda arrimarse en su descanso y sueño.

Tanto las camas como los muñecos pueden ser de un material mullido tipo peluche o telas muy suaves, que recuerden el pelaje de los hermanos y la madre. Comprueba antes de comprarlos no suelten pelo para que el cachorro no los pueda arrancar y tragárselos. Lávalos antes sin detergente, basta con utilizar un poco de bicarbonato sódico y agua para eliminar cualquier sustancia química adherida a las telas.

Ten 2 o 3 camas en diferentes sitios, y según vayas viendo dónde le gusta estar para su descanso puedes cambiar su ubicación.

2. Llegada al nuevo hogar

Comedero y bebedero

Al principio conviene tener en cuenta el tamaño y la altura de los recipientes para que el cachorro pueda llegar bien sin tener que forzar mucho el cuello. El material más aconsejado es metálico ya que es el que menos retiene las bacterias. Para evitar que se escurra puedes colocar una alfombrilla antideslizante, y ello facilita que el cachorro pueda comer tranquilo sin que el recipiente se desplace.

Existen bebederos de goteo que suele verse más para los roedores e incluso pájaros. Este tipo de bebedero fuerza el cuello del cachorro hacia arriba y obliga adoptar una forma que no es ergonómica ni natural, por lo que no es aconsejable.

Empapadores

Salir a la calle a pasear y hacer las necesidades es algo estimulante, toda una aventura para el bichón, que disfruta cada salida... excepto cuando llueve.

Al disponer de un pelaje abundante un día de lluvia puede ser desagradable para ellos por la sensación del pelo mojado e incluso podría provocarles un enfriamiento, dependiendo de la temperatura y época del año.

Igualmente es engorroso para los dueños, ya que después de pisar las calles mojadas lo normal es que necesiten un pequeño acicalamiento para estar por casa.

Los empapadores ayudan mucho no solo para los días de lluvia; si en algún momento tenemos que salir y el cachorro no nos puede acompañar, le puede ayudar disponer de un sitio para sus necesidades. Igualmente son útiles si nos desplazamos a un alojamiento que no sea nuestra casa o bien por las noches si el cachorro necesita hacer sus necesidades mientras estamos todos dormidos.

Debemos colocar el empapador en un sitio fijo, que no sea al lado de donde está el comedero ni el bebedero (es como si comiéramos en el baño), y no llenar toda la casa con empapadores dándole a elegir este rincón u otro. Si vemos que a pesar de ello tiene un sitio que él prefiere, lo que haremos es mover el empapador a ese sitio.

Hay que premiarlo cuando lo hace en el sitio correcto, y no regañar a gritos cuando lo hace en un lugar diferente: ello hará que relacione el hecho de hacer sus necesidades con un refuerzo negativo, y hará que el cachorro busque sitios escondidos porque está haciendo algo «malo» que desagrada a los dueños. Y si esta costumbre se establece en la mente del cachorro, conlleva bastante trabajo cambiarla.

El cuidado del manto

El cepillo que se aconseja para los bichones son los llamados de mantequilla. Aparentemente se parece a los cepillos de las personas, pero al usarlo hay una diferencia fundamental, y es que no provoca tirones. El «cojín» del que salen las cerdas metálicas es de goma flexible, por lo que si se enganchan con algún nudo, no lo cogen y tiran de él, sino que se deslizan. Lógicamente, este tipo de cepillo no es el que hay que usar para quitar nudos sino para un peinado de mantenimiento y final una vez que se hayan eliminado los nudos.

El peine se utiliza principalmente para eliminar los nudos cuando estos no son muy grandes. Se emplea un peine recto de metal, para que no provoque electricidad estática, y, si podemos disponer de un peine en el que la mitad de las púas están más juntas, sería perfecto para un bichón.

Cuando los nudos son pequeños, hay que empezar a peinarlos desde la punta, nunca desde la base. Lo ideal sería que no tuviera nudos, pero esto es como lo que nos decían cuando éramos estudiantes; estudia todos los días para que no se te junte todo para el examen. ¿Cuántos de nosotros lo hacíamos? Seguramente muy pocos.

Pero vamos a intentar que nuestro cachorro tenga un pelo impecable cepillándolo todos los días 5 minutos con los utensilios correctos.

Las cerdas metálicas del cepillo deben ser largas, porque su longitud está relacionada con la flexibilidad, y cuanto más flexible sea, habrá menos tirones y será menos molesto.

Cepillo de carda (slicker)

Este tipo de cepillo tiene unas púas muy suaves en filas muy numerosas, y se suele aconsejar para quitar nudos más compactos y grandes. Su uso tiene sus particularidades, como seguir una orientación correcta y medir la fuerza, ya que el extremos de cada púa suele tener una superficie afilada y si no lo haces con cuidado puedes llegar a arañar toda la piel delicada del cachorro.

Usándolo bien cumple una función excelente, pero no es un peine para principiantes de entrada.

El consejo que doy es que te acostumbres a peinar y cepillar todos los días unos minutos para no tener que utilizar este peine.

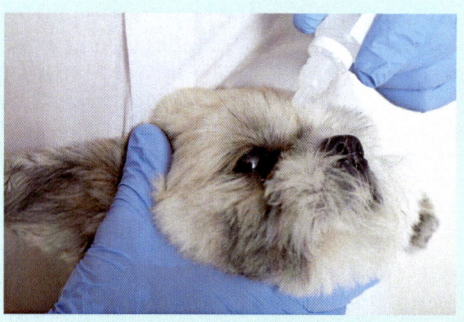

Disco de algodón o gasa y suero fisiológico

Los bichones a veces sufren de irritaciones de los ojos si no mantenemos una buena higiene. No porque el pelo se les meta en el ojo, sino porque esos pelos de alrededor pueden estar sucios y si se adhiere alguna partícula de polvo, semillas del campo o suciedad del ambiente y les llega a los ojos, puede dar pequeños problemas.

Se aconseja hidratar los ojos aplicando suero 2 veces al día con una jeringuilla limpia. Para este fin, podemos utilizar igualmente las lágrimas artificiales que venden para las personas.

A la hora de elegir un disco de algodón para limpiar el contorno de los ojos debemos elegir uno que no suelte fibras al empaparse con el suero. Si lo prefieres, una gasa es igualmente válida.

3. LOS CUIDADOS BÁSICOS

HIGIENE

Baño, cepillado e higiene regular

Los cachorros de los bichones se caracterizan por su aspecto mullido, algodonoso y peluche desde que tienen muy pocos meses de edad, y son auténticos peluches vivientes de los que todo el mundo se queda hipnotizado y enamorado.

Sin embargo precisamente su pelaje tan atractivo es lo que con el tiempo nos puede traer de cabeza si no establecemos una buena rutina de mantenimiento educando correctamente al cachorro.

Cuidar de su pelaje es una parte esencial para asegurar su bienestar, por lo que es importante que sea una experiencia positiva para él.

Baño

Tu bichón probablemente se ha bañado solo un par de veces hasta ahora, dependiendo de la edad que tenga cuando se incorpora a la nueva familia, y es normal que aún no esté completamente acostumbrado al proceso. Para

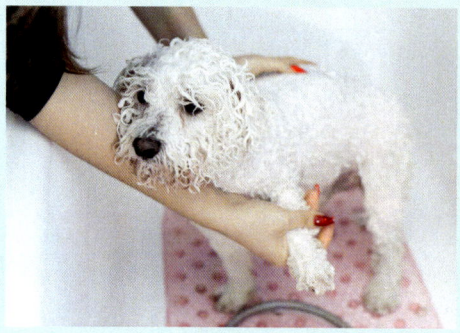

ayudarle a disfrutar del baño te puedes guiar por los siguientes puntos:

– Haz que sea un momento agradable. Utiliza agua tibia y asegúrate de que la temperatura sea confortable.

– Habla con tu cachorro con voz suave y calmada durante el baño para que se sienta seguro.

– Es útil usar un pequeño barreño con agua tibia y echarla con las manos sobre el cachorro para que su primer contacto con el agua sea agradable y positivo. Puedes disolver previamente un poco de champú en el agua para acortar el tiempo de baño.

– Cuando uses la ducha para aclararlo ten cuidado de regular bien la presión del agua y la temperatura, teniendo cuidado de que el agua no le dé directamente a la cara ni en el interior de los oídos.

Productos adecuados. Usa un champú específicamente formulado para cachorros o perros con piel sensible. Los bichones tienen una piel delicada, por lo que un champú suave es esencial.

Evita utilizar productos para las personas debido a la diferencia del pH de la piel.

Frecuencia del baño. No es necesario bañar a tu cachorro demasiado a menudo. Existe el mito de que a los perros solo hay que bañarlos cada mes o mes y medio, pero es totalmente incierto y sobre todo muy desaconsejado teniendo en cuenta que los bichones más que otras razas tienen un pelaje directamente relacionado con su salud. Si lo necesita, puedes bañarlo una vez a la semana o dos incluso, siempre y cuando utilices los productos adecuados.

Secado. Después del baño, asegúrate de secar bien a tu bichón con una toalla y, si es necesario, usar un secador en una configuración baja y sin calor directo para evitar que se asuste. Es muy aconsejable usar con el secador un cepillo suave, como hemos mencionado anteriormente, para que se vaya habituando y disfrute de los momentos relajantes después del baño.

Y créeme que más de uno se quedará dormido.

Cepillado

El pelo de tu bichón va a crecer y volverse más denso según se vaya haciendo mayor, lo que es una de las características más adorables de la raza. Sin embargo, ese hermoso pelaje necesita cuidados regulares para mantenerse en buen estado.

Los perros suelen lamerse su propio cuerpo aunque no tanto como los gatos, y un manto sucio puede crear problemas si llega a chuparse, provocando algún que otra molestia en la tripa y, si su intención es eliminar rastrojos de hierbas o incluso espigas, estas pueden provocar daños en las encías y en la boca.

Un cepillado diario es crucial desde que el cachorro llega a casa. Los bichones necesitarán un cuidado de su pelaje constante y continuo, y cuanto antes se acostumbre más fácil será y menos situaciones de estrés creará para ambos. Esto no solo ayuda a evitar enredos y la formación de nudos, sino que también es una excelente manera de fortalecer el vínculo entre vosotros y acostumbrarlo al proceso. Un cepillado regular también ayuda a mantener su piel sana y sin irritaciones.

Al principio, tu cachorro puede estar inquieto o nervioso durante el cepillado. Es importante ser paciente y darle pequeñas recompensas o elogios

para que asocie el cepillado con algo positivo. Será la única manera de garantizar un cuidado adecuado de su manto sin estrés a largo plazo.

El cuidado del pelaje de un bichón es una responsabilidad que requiere constancia, pero con paciencia y amor, tu cachorro aprenderá a disfrutar tanto del baño como del cepillado. Al mantener una rutina de aseo adecuada, no solo estarás cuidando de su apariencia, sino también de su salud general, asegurando una piel sana y que su pelaje se mantenga impecable y suave.

ALIMENTACIÓN

El tema de la alimentación está sufriendo cambios en estos últimos años, ya que hay estudios nuevos sobre lo que realmente los perros necesitan y los componentes e ingredientes que se añaden a la comida comercial han sido y están siendo estudiados para la investigación sobre la salud y la enfermedad de las mascotas.

Hoy en día hay un amplio abanico de tipos de comida que podemos optar, no dependiendo tanto de la etapa de la vida sino de la forma de presentación de la comida.

Es un tema muy extenso y no cabe duda de que es el pilar de lo que serán nuestros amigos desde los inicios de su vida hasta el día en que se despidan de nosotros. Sea cual sea el tipo de comida que elija el cuidador siempre debe tener en mente una cosa; ellos tienen un ciclo de vida más corto que nosotros, y la comida tiene una incidencia muy directa a su estado de salud a largo plazo.

Los perros tienen un margen muy alto de la tolerancia a los desequilibrios nutricionales, y ello a menudo trae como consecuencia una dolencia, enfermedad o afección que se manifiesta de manera repentina cuando su organismo está bastante afectado y ya no puede compensar más.

El tipo de comida más común es el pienso en forma de croquetas, muy extendido con un potente *marketing*. Suele ser la primera opción de los dueños para alimentar a sus perros.

Es un tipo de comida ultraprocesada con varias fases de cocción en las cuales los nutrientes naturales se destruyen en gran parte y es inevitable añadir compuestos sintéticos para cumplir los requisitos para su presentación como alimento para animales.

Cuando indagamos un poco en profundidad, podemos encontrar sin dificultad información sobre el valor nutricional y los aditivos presentes en el pienso en croquetas, así como su porcentaje de absorción por el organismo y el impacto a largo plazo en las mascotas.

La gran ventaja es la comodidad, siendo casi la única ventaja sobre otros tipos de alimentos.

Actualmente hay muchas empresas que ofrecen menús elaborados con diferentes ingredientes para los perros, en forma cruda o cocinada, liofilizada o deshidratada, basándose en unos ingredientes enteros, sin procesar, en los porcentajes recomendados para los perros.

Todos los perros son carnívoros muy bien adaptados, es decir, toleran bastante bien la ingesta de hidratos de carbono. Pero ello no quiere decir que

no les afecte de manera negativa una cantidad de carbohidratos superior a la necesaria ni que puedan vivir siendo veganos como últimamente se ha visto, por desgracia.

La decisión de qué tipo de alimento es el que vamos a dar a nuestro perro es nuestra, ya que él depende completamente de nosotros, y por ello debemos estudiar e investigar en profundidad sobre el tema.

El dicho «somos lo que comemos» es de aplicación no solo a nuestras mascotas, sino también a nosotros, ya que su salud nos afecta igualmente: ningún dueño querría ver a su amigo peludo enfermo y con su salud mermada.

La salud está directamente relacionada con la comida, dando por supuesto que el perro lleva una vida dentro de la normalidad con sus visitas al veterinario de manera regular, pa-seos y juegos para estimular su estado mental y físico.

Conviene establecer horarios regulares para la alimentación; asegúrate de que el lugar donde come sea tranquilo y sin distracciones. Esto ayuda a que el cachorro se acostumbre a su nueva rutina y se sienta más seguro.

Evita poner el empapador al lado de donde come, ya que ningún animal ni persona come al lado de donde hace sus necesidades.

El agua debe estar siempre fresca y limpia, y la cambiaremos una vez al día mínimo con el recipiente siempre limpio.

Los recipientes para agua y comida más higiénicos son los de metal, ya que retienen menos bacterias, siendo preferidos en el siguiente orden los de cerámica, vidrio y, el menos recomendable, plástico.

De los 3 a los 6 meses se recomienda darles de comer 3 veces al día, y de los 6 meses en adelante se les dará 2 veces al día. Dependiendo del grado de actividad de cada uno y la edad hay que valorar la frecuencia de su alimentación. Hay perros que solamente comen una vez al día, y otros 2 veces. Para ello igualmente es importante el tipo de comida y las calorías que contiene. Debemos observar si nuestro perro pierde peso o lo gana. En función de su necesidad regularemos la cantidad y frecuencia.

Según va creciendo nuestro cachorro, nos daremos cuenta de si es buen comedor o no, ya que los bichones, sobre todo los malteses, no son muy glotones. Mi recomendación es tener paciencia y mantener siempre un horario para la comida aunque no se coma lo que le hemos puesto en cada tanda.

Al principio de su llegada, el cachorro puede sentirse abrumado y no comer bien durante unos días. En estos casos se puede dejar el recipiente con comida durante todo el día para que pueda hacerlo si tiene hambre. No es raro que se pongan a comer cuando recogemos todo y apagamos las luces, cuando se sienten tranquilos y calmados.

4. EDUCACIÓN Y RUTINA

Cuando el cachorro llega a nuestra casa hay que empezar a establecer sus límites, que empezaremos a marcar desde el primer momento.

Su ternura y dulzura es un arma muy potente para derretirnos en cuestión de segundos aunque hagan alguna travesura, y debemos tener claras las normas que vamos a establecer para la convivencia. Esta manera de establecer reglas le ayuda a saber estar en su lugar y darse cuenta de que es un perro.

¿Suena mal?

Para nada.

Los perros son animales de jerarquía, y no indicarles una posición clara desde el principio y mantenerla crea mucha confusión y puede ser el inicio de un conflicto que crezca con el tiempo y se haga insostenible.

¿Cuantas veces hemos escuchado eso de «con lo pequeño que es, es un demonio»?

Una buena educación es lo que nuestra mascota pide desde su llegada a casa, y es vital para una convivencia pacífica y placentera con todos los miembros de la familia para disfrutar de su compañía durante mucho tiempo.

Todas las normas son más efectivas en su cumplimiento con refuerzos positivos. Para ello podemos tener preparado siempre un premio o golosina natural, muy útil, y es el mejor método para que él se sienta feliz cumpliendo con las normas de la convivencia.

Los bichones tienen un pelaje denso y abundante, el cual puede ser un inconveniente cuando tenemos inclemencias de tiempo para sacarlos para hacer sus necesidades. Por este motivo es de mucha ayuda preparar un empapador y acostumbrarlos para que sepan que igualmente es un lugar válido para ello.

La manera de introducirlos a ello es sencillo pero requiere paciencia.

Por las mañanas según nos levantemos, cogemos al cachorro y lo llevamos al empapador. El premio tiene

que estar siempre al alcance. Si quiere salir del empapador, bloqueamos sencillamente su paso con los pies. Esperamos a que haga sus necesidades y, en cuanto termine, no dudamos en felicitarlo con palabras dulces y sonrisas, y siempre le ofrecemos un premio.

Lo repetimos cada ciertas horas, siempre con refuerzo positivo, nunca regañándolo cuando lo hace en otro sitio. El cachorro tiene que darse cuenta de que hay premio cuando lo hace en el sitio correcto.

Es un método muy eficaz y en muchas ocasiones vamos a ver al cachorro yendo para el empapador, echar una gota que apenas es visible, y volver contentísimo porque quiere premio.

¡Y por supuesto que tenemos que premiarlo!

Juego y ejercicio

Dedica un tiempo cada día para jugar y ejercitar a tu cachorro en su área de la casa designada. Esto no solo fortalece el vínculo entre el cachorro y la familia, sino que también le permite gastar energía de manera controlada. La duración depende del cachorro, y recuerda que hay que dejar que duerma bastantes horas al día sobre todo los primeros meses de vida, sin olvidarnos de que aún es un bebé y crece durmiendo. Los cachorros necesitan mucho descanso. Asegúrate de que tenga un lugar cómodo y tranquilo para dormir. Evita molestarlo durante sus siestas para que pueda descansar adecuadamente y crecer sano y fuerte.

En los juegos es normal que muerdan. Cuando están con sus hermanos y padres son ellos los que le marcan la fuerza con la que pueden morder jugando, pero en su nueva familia no están y aquí también tenemos que educarlos nosotros. Si muerde más de lo que debe o zarandea nuestra mano con la boca debemos indicar que es una acción no permitida, dándole un toque suave pero firme con un dedo en el hocico y diciendo «no» de manera enérgica.

Paseos

Los paseos son una aventura para los perros, tanto cachorros como adultos. En los paseos perciben miles de olores, que llegan cada uno de manera totalmente independiente a sus receptores olfativos, y para ellos es como un manjar.

Por ello no debemos tirar de ellos cuando están oliendo, porque es su momento de disfrute y el sentido de sus paseos.

Si queremos tener un paseo agradable tenemos que crear un hábito para ello. Siempre es bueno iniciar con una correa al cuello más que un arnés, ya que la transmisión de las indicaciones por nuestra parte es mucho más directa e intuitiva para ellos.

La correa debe ir siempre relajada y el perro a nuestro lado. Para conseguirlo debemos dar tirones cortos y enérgicos a modo de un toque en el

Es importante exponer al cachorro a diferentes personas, lugares y experiencias de manera gradual y controlada para que se convierta en un perro equilibrado y confiado.

Y es una muy buena manera de socializar nuestros cachorros con otros perros y personas, estimular sus sentidos para que pierdan el miedo y a la vez desensibilizar a los ruidos de la calle.

Cuando el cachorro se asusta por algún ruido o movimiento que forma parte del entorno donde va a habitar, es muy importante no cogerlo y consolarlo, o decirle una palabra amable, ya que, aunque nuestra intención es transmitirle tranquilidad, él relaciona ese ruido, movimiento o situación que le ha provocado la tensión y miedo con nuestras palabras amables, abrazos o caricias, por lo que cada vez que se repita esta situación, volverá a generar estrés y nos buscará a modo de respuesta inmediata a modo de premio. Y ello alimentaría cada vez más su estrés.

cuello cuando tiran de la correa. Esto les deja claro que el paseo está dirigido por nosotros y se encuentran en una paz mental disfrutando este rato tan íntimo y de conexión total a través de la energía transmitida por la correa.

No queremos que nos paseen ellos y lleguemos a casa con frustración y enfado porque ni ellos ni nosotros hemos disfrutado de ese rato y cada vez produce más angustia y estrés incluso antes de salir de casa.

Una vez que haya adquirido una buena educación en los paseos podemos pasar a ponerle el arnés y la correa extensible. Si se hace bien la primera fase no tardaréis mucho en disfrutar de vuestras salidas.

5. CRÍA

En la cría de los perros de raza pura como los bichones tienen un papel importante los criadores, quienes con su experiencia y conocimiento seleccionan de manera cuidadosa los ejemplares para incluir las virtudes y eliminar los defectos a fin de obtener unos bichones saludables y ajustados a los estándares de cada raza.

Por este motivo la cría será más responsable y efectiva a manos de los profesionales, que son los conocedores y responsables de las razas para su preservación a lo largo del tiempo.

CELO

El celo en las perras es el periodo durante el cual son fértiles y pueden quedar preñadas. Este ciclo es parte del ciclo reproductivo de las perras y tiene varias fases que se desarrollan en un lapso de tiempo específico. Estas son las fases del celo:

1. **Proestro:** dura una media de 7 a 10 días. Durante esta fase, la vulva de la perra se inflama y comienza a haber una secreción sanguinolenta. La perra puede atraer a los machos debido al olor que emite, pero generalmente no permitirá la monta durante esta etapa.

2. **Estro:** con una duración aproximada de 5 a 14 días, es el periodo de ovulación y fertilidad máxima. La secreción vulvar se vuelve menos sanguinolenta, más clara o rosada. Durante esta fase, la perra aceptará la monta y es cuando es más probable que quede preñada. Los machos mostrarán un gran interés, y la perra, en esta etapa, generalmente aceptará sus avances.

3. **Diestro:** es la fase de entre 60 a 90 días que se caracteriza, si la perra no quedó preñada, por una disminución gradual de la actividad hormonal. Durante el diestro, la perra ya no aceptará la monta y, si quedó preñada, es el periodo en el que la gestación se desarrolla.

4. **Anestro:** suele llevar aproximadamente de 4 a 5 meses, y es la fase de

descanso reproductivo. En esta etapa, las hormonas reproductivas están en su nivel más bajo, y no hay signos de actividad sexual. El ciclo volverá a comenzar después de esta fase.

La frecuencia del celo es aproximadamente cada seis meses, aunque esto puede variar según la raza, el tamaño y la edad del animal. La particularidad de cada perra es lo que determina su regularidad, pudiendo tenerlo cada 6, 8, 9 meses o incluso 1 año. Otro factor importante es si ha tenido camada justo en el celo anterior. Cuando es una perra que ha tenido cachorros los siguientes celos suelen regularizarse cada 6 meses durante un tiempo.

Existen celos silenciosos donde no se aprecia ninguna señal física y esto es más difícil de detectar cuando la perra es la única mascota de la casa. La manera correcta de su detección sería estar muy pendientes y contar con las pruebas pertinentes en el veterinario.

Durante el celo, las perras pueden mostrar cambios de comportamiento como inquietud, aumento de la micción (para marcar territorio), cambios de apetito y un mayor interés en otros perros. Algunas perras también pueden volverse más cariñosas o, en algunos casos, más agresivas.

Es importante mantener una buena higiene durante este periodo, ya que la secreción puede ensuciar la casa. Además, si no se desea descendencia, es fundamental mantener a la perra alejada de machos no castrados, ya que pueden detectarla desde lejos y hacer intentos de apareamiento.

El celo es una parte natural del ciclo de vida de las perras, pero requiere de cuidados y atención para asegurar la salud y el bienestar del animal.

Hasta ahora la esterilización había sido recomendada como modo de prevenir algunos problemas relacionados con las hormonas que pueden causar infección uterina, tumores de mama o camadas no deseadas.

Esta tendencia en estos últimos años está cambiando, ya que una esterilización igualmente supone privar al organismo de los beneficios de las hormonas para la función de regular el organismo según vayan cumpliendo años, y puede hacer que la perra se exponga a una posibilidad mayor de sufrir ciertos cánceres y afecciones con los años.

En cualquier caso, los dueños son los que deben tener la última palabra, y es aconsejable estudiar, junto con el veterinario de confianza, las diferentes opciones antes de decantarse por la intervención quirúrgica de la esterilización.

GESTACIÓN Y PARTO

La gestación y el parto en las perras son procesos cruciales en la reproducción canina, y es importante comprenderlos para garantizar el bienestar de la madre y los cachorros.

Gestación

La duración de la gestación es aproximadamente de entre 58 y 68 días, con una media de 63 días (alrededor de dos meses). Los días se cuentan desde el de la primera monta y desde el de la segunda monta. El motivo por el que se hacen dos montas con un día de diferencia es por la calidad y cantidad del semen del perro y así aumentar la posibilidad del éxito para la planificación de la camada. De esta manera contamos con 2 posibles fechas de parto, e iremos vigilando con controles en el veterinario la maduración de los fetos.

Durante este tiempo los embriones se desarrollan en el útero de la perra.

Las etapas de la gestación se puede dividir en 4 bloques:

– Días 1-21: son los primeros días después del apareamiento. Los óvulos fertilizados se implantan en el útero. Durante este tiempo, no es fácil detectar signos visibles de embarazo.

– Días 22-40 los embriones comienzan a desarrollarse más rápidamente. Se puede realizar una ecografía alrededor del día 25 para confirmar la gestación.

– Días 40-55 los fetos comienzan a desarrollar sus características físicas como patas, orejas y pelaje. El abdomen de la perra se agranda y se pueden sentir los movimientos fetales.

– Días 55-63. Es la fase final en la que los cachorros están casi completamente formados y se preparan para el nacimiento. La madre puede mostrar signos de inquietud o preparar un «nido» para el parto. Se puede realizar una radiografía de la gestación aproximadamente 1 semana antes de la fecha prevista para observar la colocación de los cachorros, su tamaño, su maduración y si el parto podría necesitar cesárea o no.

Durante la gestación es vital que la perra reciba una nutrición adecuada a sus necesidades, ya que su demanda energética aumenta. Deben evitarse esfuerzos físicos intensos, aunque el ejercicio ligero es beneficioso, incluso un paseo diario siendo un poco más corto.

Parto

Según se acerca la fecha, la perra puede mostrar inquietud, buscar un lugar tranquilo, anidar o rascar diferentes sitios. Su temperatura corporal puede disminuir uno o dos grados (normalmente baja de 38-39°C a 37°C o menos). Esto no quiere decir que el parto sea inminente. No existe una señal inequívoca de comportamiento que nos advierta de que el parto va a ser inmediato. Incluso los criadores más experimentados se sienten inseguros en los partos por las diferencias en cada ejemplar y situación, aún tratándose de la misma perra. Es muy importante estar atentos a cualquier comportamiento en las fechas próximas al parto y, ante la duda, contactar con los veterinarios expertos en el tema.

Cuando el parto es inminente, el cuerpo comienza a poner en marcha los cambios que podemos observar físicamente, y una señal es la secreción de un líquido claro o mucoso por la vulva.

Etapas del parto:

• La primera etapa dura entre 6 y 12 horas. Comienzan las contracciones uterinas. La perra puede estar ansiosa, jadear y rascar el suelo. Igual que en las personas, las contracciones serán cada menos tiempo según se acerca el nacimiento del primer cachorro.

•La segunda etapa es la del nacimiento de los cachorros. Cada cachorro nace dentro de una bolsa amniótica que la madre rompe para liberarlo. Los cachorros nacen a intervalos de entre 15 minutos y 2 horas.

• En la tercera etapa ocurre la expulsión de la placenta. Cada cachorro tiene su propia placenta, que la madre generalmente come, aunque no es necesario permitir que lo haga. Personalmente no lo aconsejo, ya que es un comportamiento instintivo que realizaban en la vida salvaje para no dejar rastro de un momento totalmente vulnerable tanto para la madre como para los recién nacidos. Además la ingesta de la placenta puede provocar irritación intestinal con vómitos y descomposición a las madres los días siguientes del parto.

5. Cría

Es importante proporcionar un ambiente tranquilo y cómodo para nuestra perrita. No deja de ser un momento de mucha tensión no solo para los que atendemos al parto; para la perra igualmente supone un tiempo muy delicado y molesto. Los bichones son de tamaño pequeño y en general suelen traer entre 1 a 3 cachorros, aunque hay casos de hasta 5 o incluso 7. Para cada situación puede haber complicaciones y hay que estar muy atentos para detectar el momento de llamar al veterinario por si hay necesidad de una intervención quirúrgica para finalizar el parto.

CUIDADOS DE LA MADRE Y LOS CACHORROS

Después del parto, la madre debe estar en un lugar cálido y limpio, con acceso a agua y comida de alta calidad. Con la producción de la leche la madre demanda mucho más aporte de agua, y debido al gasto de energía la cantidad de comida y las calorías de esta tiene que ser bastante superior.

El comportamiento de la madre cambia drásticamente, ya que no querrá alejarse de sus bebés, y cuando tenga que alejarse para hacer sus necesidades va a pedir volver con ellos nada más terminar.

No debemos alterar a la madre mirando cada poco cómo está, ya que los primeros días apenas duerme ni descansa cuidando de los cachorros. Nosotros también estaremos apenas sin dormir, muy pendientes de si todo indica que va como tiene que ir.

Los cachorros deben mamar todos por igual y mostrar signos de actividad y desarrollo normal. Cualquier señal de malestar o falta de crecimiento debe ser evaluada por un veterinario. Es aconsejable pesarlos todos los días para comprobar que van cogiendo peso. Si notamos que algún bebé no coge peso o incluso lo pierde, tenemos que vigilar más estrechamente si

mama correctamente o si los hermanos más grandes lo apartan y se queda sin leche, o es la madre que lo rechaza porque hay algún problema y no lo quiere.

Con una correcta atención y cuidado, la mayoría de las perras experimentan una gestación y parto sin complicaciones, dando lugar a camadas de cachorros sanos. En cuestión de algo más de un mes, los cachorros comenzarán a interesarse por la comida de la madre y podremos respirar más tranquilos viendo cómo juegan y disfrutan con la madre de su nueva vida.

6. SALUD

En general, los bichones cuentan con una buena salud a pesar de su pequeño tamaño. Que no te engañe su aspecto menudo y frágil, con una falsa reputación de que son débiles, ya que tú mismo comprobarás que esto no es más que un mito en cuanto uno de estos seres adorables te acompañe en tu vida.

PATOLOGÍAS COMUNES EN LOS BICHONES

Luxación de la rótula (patella)

La luxación de la rótula, también conocida como luxación patelar, es una afección ortopédica común en perros, especialmente en razas pequeñas. Se refiere al desplazamiento de la rótula (la pequeña estructura ósea que forma parte de la articulación de la rodilla) de su posición normal en la ranura femoral (surco troclear). Este problema puede afectar a una o ambas rodillas y puede ser de naturaleza congénita (presente al nacer) o adquirida.

Hay diferentes causas de la luxación, siendo una de ellas la congénita: en muchas razas pequeñas la luxación patelar tiene una base de nacimiento. La conformación anatómica del perro puede predisponerlo a esta condición, como un surco troclear poco profundo o una alineación anormal de los huesos de la pierna. Lo que se suele heredar es la predisposición a sufrirla, no la luxación en sí, ya que al ser razas de poca musculatura por ser de compañía y no de trabajo, los músculos de las patas no sujetan bien estos desplazamientos de la rótula.

Puede tener también una causa traumática, donde un trauma o lesión en la pierna puede causar la luxación de la rótula en perros que no tienen predisposición congénita.

Los grados de severidad de la luxación patelar se clasifican en cuatro

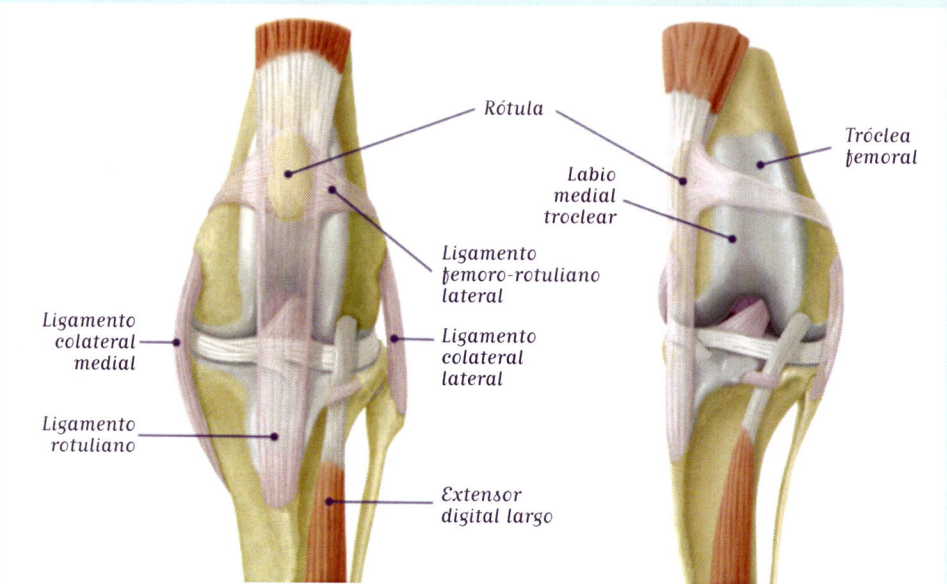

Rótula

Tróclea
femoral

Labio
medial
troclear

Ligamento
femoro-rotuliano
lateral

Ligamento
colateral
medial

Ligamento
colateral
lateral

Ligamento
rotuliano

Extensor
digital largo

tipos, dependiendo de la severidad del desplazamiento y el impacto en la movilidad del perro:

1. Grado I: La rótula puede desplazarse fuera del surco, pero vuelve a su lugar de forma espontánea. El perro puede mostrar una cojera leve o intermitente.

2. Grado II: La rótula se luxa con más frecuencia y puede necesitar una manipulación manual para volver a su lugar. La cojera es más evidente y recurrente.

3. Grado III: La rótula está luxada la mayor parte del tiempo, pero puede volver a su lugar con manipulación. El perro tiene una cojera constante y puede mostrar signos de dolor.

4. Grado IV: La rótula está permanentemente luxada y no puede volver al surco, incluso con manipulación. El perro puede tener una deformidad evidente de la pierna y una severa limitación en la movilidad.

Los signos clínicos pueden variar según la gravedad de la luxación, pero generalmente incluyen cojera intermitente o constante, salto o salto con una pata trasera de vez en cuando, dolor al caminar o al correr, rigidez en la pierna afectada e incapacidad para doblar la rodilla correctamente.

El diagnóstico se realiza a través de un examen físico realizado por un veterinario, quien evaluará la movilidad de la rótula y realizará pruebas específicas. En algunos casos, se pueden necesitar radiografías para evaluar la anatomía de la rodilla y planificar el tratamiento.

El tratamiento depende del grado de luxación:

1. **Grados I y II:** en casos leves, se puede recomendar manejo conservador con medicamentos antiinflamatorios, control de peso y restricción del ejercicio. Ejercicios de fisioterapia también pueden ayudar a fortalecer los músculos alrededor de la rodilla.

2. **Grados III y IV:** en casos más severos, la cirugía es generalmente necesaria. El procedimiento quirúrgico puede incluir el realineamiento del aparato extensor, la profundización del surco troclear, y la corrección de cualquier malformación ósea. El objetivo de la cirugía es restaurar la estabilidad de la rótula, prevenir futuros episodios de luxación y mejorar la calidad de vida del perro.

Con el tratamiento adecuado, muchos perros pueden llevar una vida activa y sin dolor. Sin embargo, en casos graves o si no se trata, la luxación patelar puede conducir a problemas crónicos, como artritis, que pueden afectar significativamente la calidad de vida del animal.

Aunque no siempre es posible prevenir la luxación patelar, mantener un peso adecuado y proporcionar ejercicio regular de bajo impacto puede reducir el riesgo y ayudar a manejar la condición en perros predispuestos. No es aconsejable someter a los bichones a realizar cambios muy bruscos en los movimientos rápidos. Un ejemplo más visual serían los movimientos de los tenistas cambiando constantemente el sentido de su carrera y los problemas de lesiones en las rodillas que les puede acarrear con el tiempo.

Si notas signos de cojera o malestar en tu perro, es importante buscar atención veterinaria para un diagnóstico y tratamiento adecuados.

Problemas periodontales

No se puede decir que sea un problema único de los bichones, siendo más correcto decir que es de los perros de razas pequeñas.

Solo hace falta observar la boca de nuestros bichones para darnos cuenta del tamaño tan pequeño de los dientes y el hueso donde los dientes están implantados. Son arcos óseos muy finos, y el acúmulo de sarro y suciedad con el tiempo enseguida afecta al hueso, que es lo que entendemos como enfermedad periodontal.

El tipo de alimentación puede afectar a que los dientes se ensucien más o menos rápido, aunque el punto clave y causa principal es la falta de cepillado de los dientes de manera regular.

Por ello es importante que empecemos con el cepillado desde cachorro.

Podemos hacerlo con un cepillo extrasuave para bebés, a fin de no irritar la encía del cachorro. Una buena manera de iniciar el cepillado es utilizar un dedal de tela suave para que el cachorro no sienta rechazo a que un objeto extraño entre en su boca.

La pasta de dientes no es imprescindible, pero si la queremos utilizar se debe leer muy bien su composición antes de usarla por si hubiera algún componente tóxico para los perros como xilitol. En todo caso, si adquirimos la pasta para mascotas no debería contener ningún toxico para ellos.

Cuando el acúmulo de sarro es considerable y empieza a provocar problemas periodontales, se suele detectar por el mal aliento y el rechazo cuando le tocamos alguna parte de la boca por fuera al acariciarlo o limpiarlo.

Si nos deja mirar esa zona y viéramos la encía muy inflamada o con infección evidente, debemos acudir al veterinario para tratar primero la infección y, si nos aconseja la limpieza, realizarla una vez que esté la boca en condiciones.

En ocasiones puede presentar una fístula justo debajo del ojo, y muchas veces no remite después de un tratamiento antibiótico. El veterinario seguramente comentará que es posible que haya una infección del cuarto premolar superior a nivel de la raíz, creando una fístula para drenar todo el material infeccioso, y no tiene más cura que la extracción de esa muela.

Estas infecciones ocurren sin motivo aparente, incluso con una buena higiene y sin enfermedad periodontal, así que lo mejor que podemos hacer por ellos es optar por la extracción.

Enfermedad cardiaca

Con los cuidados que reciben y los avances médicos, la vida media de los perros ha ido aumentando, y con ello también las enfermedades ligadas a la edad.

Hay afecciones que podemos evitar o retrasar con un tratamiento holístico y convencional, pero por otro lado hay degeneraciones propias de los órganos y estructuras que únicamente podremos controlar a nivel sintomatológico y retrasar en lo posible dándoles la mejor calidad de vida.

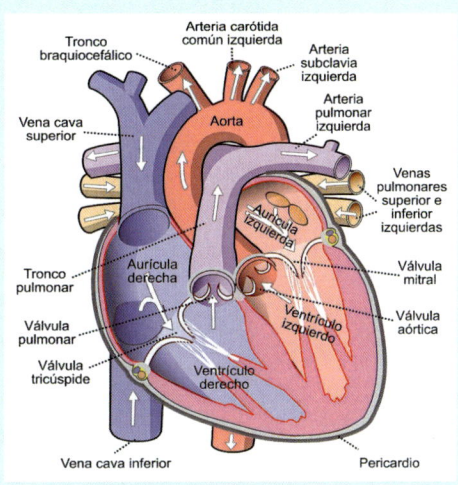

Uno de ellos es la enfermedad cardiaca, y principalmente la degeneración de la válvula mitral, la afección cardiaca más común en perros pequeños, no solamente los bichones. La enfermedad de la válvula mitral (MVD, por sus siglas en inglés) ocurre cuando la válvula mitral, que separa la aurícula izquierda del ventrículo izquierdo, se degenera y

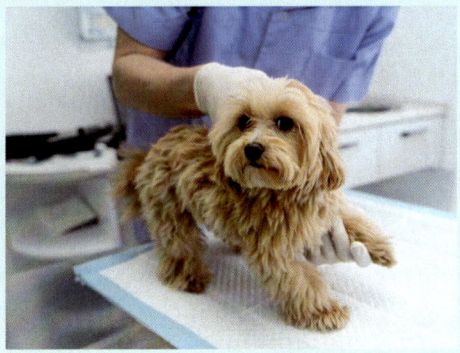

comienza a filtrar. Esto permite que la sangre regrese a la aurícula en lugar de fluir correctamente hacia el cuerpo.

Su sintomatología en la fase inicial no es visible pero audible, y se suele detectar en una revisión rutinaria en la clínica, en forma de soplo en la auscultación con el fonendoscopio, y dependiendo del grado de soplo se realizan pruebas de ecocardiograma y radiografía de tórax para determinar un diagnóstico certero en cuanto a la fase de la enfermedad.

En una fase más avanzada, el soplo es más ruidoso, y puede manifestar una frecuencia respiratoria más allá de 30 por minuto en sueño profundo sin soñar, tos ocasional por la presión que ejerce el corazón, aumentado de tamaño a la tráquea, baja tolerancia al ejercicio y el cansancio, debilidad y colapso ocasional.

Es una enfermedad degenerativa donde no hay un tratamiento curativo pero sí reparativo, ya que actualmente existen diferentes tipos de intervenciones quirúrgicas que puede alargar la vida media de los perros de 2 años a 6 dependiendo de la condición inicial, edad, fase de la enfermedad y su respuesta postoperatoria.

Otro tratamiento es el sintomatológico mediante diferentes medicamentos para aliviar el corazón sobrecargado y mejorar y mantener una buena calidad de vida del perro, retrasando en lo posible la enfermedad.

Su pronóstico depende mucho de un diagnóstico precoz, por lo que a partir de los 6-7 años de vida es aconsejable auscultarlo detenidamente para vigilar el corazón y tratarlo médicamente en el momento justo.

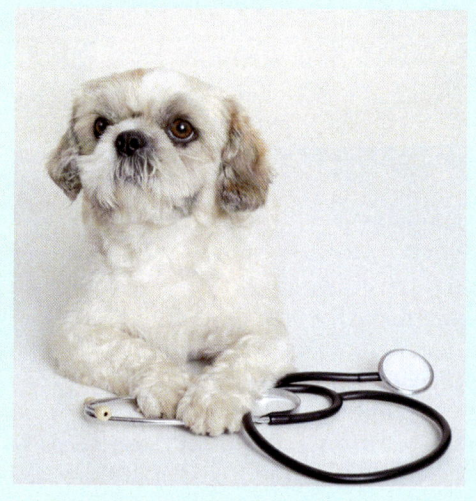

7. CÓMO ADQUIRIR UN BUEN BICHÓN

En primer lugar tenemos que tener claro qué tipo de cachorro queremos. La mayoría busca un cachorro para que sea un compañero en la vida, porque la interacción y complicidad que ofrecen los perros no es comparable con otras especies. Es lo que los hace único, y miles de años juntos están grabados en los genes para hacer posible una convivencia perfecta.

Es importante hacer una primera selección a la hora de buscar un bichón:

¿Ejemplar para exposición canina o para compañía?

Sea cual sea, el mejor consejo es buscar un criador con cierta trayectoria y experiencia, evitando los que crían muchas razas, ya que la atención que se puede prestar a los perros y sus camadas nunca es igual si se tienen 4, 7 o más razas en lugar de 1 o 2.

Es además conveniente que sean criadores/expositores. Es decir, que críen y participen en exposiciones caninas.

El motivo es el siguiente: existe un estándar para cada raza, aprobado y consensuado por los especialistas de donde es el origen la raza, y en un estándar los criterios no están establecidos solo por una cuestión estética, sino teniendo en cuenta la salud. Cada punto del estándar tiene un motivo, y todos ellos forman unos criterios para un perro bien formado a nivel morfológico, estético y psicológico.

Las exposiciones caninas se rigen por este estándar y premian e incluso descalifican a los ejemplares. Si un criador cría según el estándar es difícil que los descendientes arrastren aquellos defectos que afecten a la salud de los cachorros.

El hecho de buscar un criador/expositor para un cachorro no quiere decir que todos los cachorros sean de calidad de exposición. La mayoría de los cachorros de una camada suelen ser aptos para compañía sin satisfacer las exigencias de los criadores/expositores, siendo estas muy altas, y estos «defectos» suelen ser «imperfecciones» que para nada afectan a la salud del cachorro. De hecho, muchos que no llegan a una talla exigida para exposiciones son los que precisamente se demandan para compañía.

Los criadores ofrecen una garantía de salud además de todos los consejos sobre la elección del cachorro que más se ajusta al estilo de vida y personalidad de cada familia. Esto es posible por el conocimiento detallado de cada uno de sus perros y el temperamento de cada cachorro, años de experiencia en los cuidados y la crianza dedicada con un amor y entrega total.

Una vez que hayamos contactado con un criador que nos inspire confianza y nos sintamos cómodos, el siguiente paso es comentar nuestro deseo de acoger un cachorro y hablar sobre su entorno futuro familiar. Un buen criador hará muchas preguntas, algunas personales y otras generales, ya que su intención es encontrar el hogar ideal para su cachorro y garantizar un disfrute y experiencia maravillosa.

La entrega del cachorro puede llevar desde días o semanas hasta meses, y no es un proceso que debamos precipitar por el simple deseo de tenerlo

con nosotros YA, teniendo en cuenta que un bichón tiene una vida media de 12 a 15 años, y quizá un poco más, nos queda toda una vida con ellos.

Si hay ocasión, es aconsejable poder ir a verlo antes de la entrega (siempre y cuando el cachorro esté en condiciones en cuanto a las vacunas y la edad) para tener el primer contacto con el criador y los perros. Una visión general de los tipos de ejemplares del criador da una idea de cómo podría ser el cachorro de adulto, además de intercambiar impresiones y conocer el entorno donde los perros habitan.

Adquirir un buen bichón fundamentalmente reside en la confianza con el criador, frecuentes comunicaciones con él, y sobre todo mucha paciencia e información al respecto sin precipitar la decisión.

Nunca hay que olvidar que es una vida la que vamos a acoger y compartir muchos años, con sus necesidades y obligaciones; y ante todo, sin ignorar el inmenso amor que vamos a recibir y actuar correspondiendo a ello como una experiencia única y emotiva.

TIPOS DE BICHONES

Bichón maltés

Entre los bichones, el maltés es el más destacado y famoso. Esto puede deberse a su diminuto tamaño y su pelaje blanco y sedoso, que le da la apariencia de un adorable peluche, sumado a su personalidad amigable y encantadora.

ORIGEN

El origen del bichón maltés es un tema muy debatidos, ya que hasta hoy en día no se ha podido determinar con precisión el lugar exacto de donde proviene esta raza de perro. No obstante, se han recopilado ciertos datos que sitúan al bichón maltés en la región del Mediterráneo, alrededor del año 7000 a.C., desde donde fue difundido por los comerciantes fenicios.

Esta hipótesis coloca al bichón maltés como una de las razas más antiguas conocidas. Además, la presencia de figuras antiguas que se asemejan a esta raza refuerza su existencia en lugares como Grecia y Egipto, siendo de los pocos de raza pura, sin cruce con otras razas con el fin de incorporar las virtudes y eliminar los defectos hasta llegar a tener un ejemplar para un determinado fin, como es la historia de muchos perros de otras razas, sobre todo las de trabajo.

El nombre de la raza se atribuye a la isla mediterránea de Malta. Sin embargo, a lo largo de la historia, el bichón maltés ha sido conocido por otros nombres como *melitae*, *perro león maltés* y *melenudo*, entre otros. A pesar de esto, el nombre de bichón maltés ha prevalecido como el principal para designar a esta raza.

Su presencia en la cultura y la realeza del antiguo Egipto también está documentada, y se dice que el bichón maltés formaba parte de las familias reales. En Roma, este perro era considerado el favorito entre las mujeres.

Uno de los aspectos interesantes de la historia del maltés es que en la isla de Malta era objeto de comercio, siendo intercambiado o vendido en otras tierras, lo que contribuyó a su difusión fuera del mediterráneo.

La evidencia histórica lleva a creer que el maltés bien puede haber sido introducido en el árbol genealógico del lhasa apso, el terrier tibetano, el spaniel tibetano e incluso el pequinés, lo que ayudó a dar forma a la evolución final de estas razas de perros verdaderamente antiguas.

La popularidad del maltés trajo consigo a la necesidad de *mejorar* la raza, y durante el siglo XVIII se cruzó con otras razas semejantes como los caniches, lo que resultó en la creación de varias razas relacionadas. Sin embargo, no fue hasta 1954 cuando el maltés fue oficialmente reconocido como raza, y en noviembre de 1989 se estableció el estándar actual para el bichón maltés.

Es un perro exclusivamente de compañía, lo que está documentado en varios dibujos y retratos a lo largo de la historia de la humanidad, y siempre ha sido considerado como símbolo de elegancia, acompañando a las damas de clase alta luciendo su blanco puro y aspecto noble.

CARACTERÍSTICAS

De color blanco característico y tamaño pequeño, con una altura media de 25 cm y menos de 5 kilos, el maltés es un perro sorprendentemente ágil y enérgico que puede estar jugando sin cansarse.

Lo que más llama la atención es su pelaje de color totalmente blanco aunque se admite color blanco marfil en las orejas, y su pelo es como el pelo de las personas, de crecimiento continuo, sin subpelo y sin mudarlo, siendo una de las razas que se recomienda por tener un pelaje hipoalergénico.

Con su cara cubierta de pelo y sus ojos y la trufa de color negro, de lejos parece que estemos viendo un muñeco de nieve.

TEMPERAMENTO Y PERSONALIDAD

El maltés es una raza que encarna todas las cualidades encantadoras que caracterizan a los bichones: cariñoso y amable, este pequeño compañero es siempre despierto y curioso, además de increíblemente ágil y juguetón a pesar de su reducido tamaño. Su energía y simpatía lo convierten en un perro irresistible para aquellos que buscan un amigo leal y lleno de vida.

Una curiosidad interesante sobre los malteses, y los perros de compañía en general, es que se dice que no son fieles en el sentido tradicional. Pero no te preocupes, esto simplemente significa que su propósito es hacer compañía a las personas con su carácter dulce y sociable. Son tan afectuosos que una palabra amable, una mirada cariñosa o una simple caricia son suficientes para conquistar el corazón de un maltés. Y cuidado, que puede robarte el tuyo en un abrir y cerrar de ojos.

Aunque es pequeño, el maltés no es consciente de su tamaño. No dudará en defenderse si lo considera necesario, sin importar quién esté delante. Esta valentía es parte de su encanto.

Como muchos bichones, también es un perro avisador, por lo que tienden a ladrar cuando sienten que algo no está en su lugar. Es recomendable enseñarles desde cachorros a controlar los ladridos para que la convivencia en casa sea más tranquila y armoniosa.

Dado que son tan sociables y sensibles, los malteses no llevan bien estar solos mucho tiempo. Les encanta estar rodeados de sus seres queridos, y su compañía es un gran alivio para ellos.

En cuanto a convivir con niños, suelen llevarse estupendamente desde el primer día. Sin embargo, es importante vigilar cuando los niños son muy pequeños o el maltés es aún un cachorro, ya que ambos necesitan un poco más de atención en esos momentos, y la falta de control que puedan tener los niños pequeños sobre sus movimientos podría lastimar al cachorro.

A estos pequeños les encanta recibir mimos y caricias, pero también requieren un tiempo de descanso, considerando su tamaño.

El maltés es un perro lleno de personalidad, con un gran corazón para llenar de amor cualquier hogar. Es alegre, sociable y está siempre listo para jugar, pero también sabe cuándo es momento de relajarse. Un compañero perfecto para cualquier familia que busque una bola de ternura en casa.

Muchos dueños se frustran porque su maltés no se relaciona demasiado con otros perros ni juega; hay que aceptar que no es una raza que disfrute excesivamente relacionándose con otros perros en la calle. Suelen tener bastante clara su predilección por los perros que ellos mismos eligen para relacionarse, y no conviene forzar para que lo hagan en contra de su voluntad. Sin duda el momento que más disfrutan es cuando están con los dueños.

SALUD Y CUIDADOS

Su aspecto frágil y menudo puede hacernos pensar que es una raza débil y delicada, pero en contra de las apariencias, es una raza sorprendentemente resistente y sana, y los malteses de tamaño mayor puede acompañar una caminata larga perfectamente sin cansarse.

No hay enfermedades ligadas a la raza, y comparte los problemas de salud común de otras razas pequeñas.

Otitis

El hecho de tener las orejas caídas provoca una ventilación reducida y en ciertas circunstancias puede desencadenar en una infección del oído.

Hay que vigilar regularmente el aspecto de los oídos, que esté la piel sonrosada y sin mal olor, y si alguna vez el perro se rasca más a menudo y agita la cabeza, puede sospecharse de la presencia de ácaros, hongos o levaduras, y su diagnóstico en el veterinario determinará el tratamiento adecuado.

Para prevenir este problema eliminaremos los pelos muertos de los oídos, algo a lo que le debemos acostumbrar desde cachorro, porque los oídos son una parte muy sensible y no les suele gustar que los manipulemos.

Una manera cómoda de eliminarlos es coger unos pocos pelos del interior de los oídos que se asoman fuera y dar unos tirones suaves para que con este movimiento se extraigan los pelos muertos acumulados.

Debemos prestar una especial atención en el momento del baño, teniendo cuidado de que no entre mucha cantidad de agua en el oído. Para ello tendremos los oídos tapados con una mano mientras echamos el agua sobre su cabeza.

Una vez finalizado el baño podemos echar hacia atrás las orejas y, mientras le secamos con el secador, el aire suele ayudar a que se elimine la humedad en el interior de los oídos.

Ojos

Todos los perros lagrimean pero esto provoca un aspecto antiestético en los malteses. El color blanco desaparece y aparecen manchas de las lágrimas oxidadas en forma de mechones rojizos y marrones.

Las manchas de los lagrimales tienen una causa multifactorial, y dependen de los siguientes aspectos que en algunas ocasiones podemos controlar pero en otras no:

- temperatura ambiental
- humedad ambiental
- estrés
- celo en las hembras y machos con hembras en celo en su proximidad
- hormonas
- agua
- comida
- genética
- higiene

Luxación de la patella

Como se ha descrito anteriormente en las características generales de los bichones, el maltés es propenso a sufrir la luxación de la rótula, causada en ocasiones por un movimiento brusco o ejercicios de larga duración e intensidad para los cuales la raza no está preparada.

Nunca olvidemos que el maltés es un perro de compañía; aunque disfrute de su paseo con la familia, no podemos pretender que nos acompañe en nuestro recorrido de caminatas o carreras de kilómetros.

CUIDADOS DEL MANTO

Lo que más llama la atención en un maltés es primero el color de su pelo, un blanco inmaculado de textura sedosa y suave, y, lo segundo, la cantidad y longitud del pelaje a lo largo de su cuerpo.

El manto no tiene subpelo, es decir, no está sometido a dos mudas al año ni tiene una época del año en la que pierda más pelo. Por tanto, el pelo del maltés es como el pelo de las personas: constantemente nacen pelos nuevos y caen pelos muertos, y si no lo cortamos, el pelo crece hasta donde lo dejemos.

Por esta característica es la raza más bella en absoluto en las exposiciones caninas; se corta la respiración cuando se ve desfilar un maltés por el ring de una exposición canina, con su movimiento que parece estar flotando en el aire, y el pelo largo y sedoso tan espectacular moviéndose al compás del perro.

Ch. N. Joy de Cimillet Maltese. Campeona de España, Portugal, Ibérico.

Sin duda es impresionante, pero no es la forma más aconsejable de mantenerlo cuando vive como mascota en el hogar.

Es posible mantener el pelo largo, lo cual supone mucho esfuerzo, tiempo y paciencia no solo por parte de los dueños sino del propio perro. Son horas de peinado y baño semanal con el secado y cuidados necesarios para mantenerlo bonito, y realmente requiere una constancia diaria para que esté correcto con el pelo largo.

No solo los dueños de los malteses, sino de otros bichones y no bichones de compañía con el pelo largo, se deciden por un corte mucho más cómodo y estético, y esto permite que esa dedicación al pelo pueda ser aprovechada para más ratos de paseo, juego y disfrute de estos pequeños tan especiales.

La principal dificultad para cuidar el pelaje del maltés se encuentra en su rostro, especialmente alrededor de los ojos. Al ser de color blanco, las lágrimas que se oxidan de forma natural al lagrimear tiñen de un tono rojizo la zona bajo los ojos. Aunque existen numerosos productos en el mercado para eliminar estas manchas, es un problema que preocupa incluso a criadores con muchos años de experiencia.

Si uno se decide a probarlo, hay que informarse muy bien, porque los productos que se ofrecen para tomar, y los más efectivos, pueden contener un porcentaje pequeño de antisépticos e incluso antibióticos.

Los productos tópicos suelen ser poco efectivos, y si alguno resultara muy efectivo con las primeras aplicaciones, conviene mirar la composición para comprobar que no tenga ninguna sustancia tóxica o irritante.

Hasta hace pocos años no era fácil encontrar una peluquería canina que ofreciera un corte asiático o coreano, como se conocen ahora los cortes para razas de pelo largo como los bichones y otras razas como caniches o Shih-Tzu.

Actualmente hay bastantes peluqueros comerciales que se han formado y practican un corte muy estético y cómodo para la vida diaria de los perros. De hecho, muchos perros están más favorecidos con el corte de pelo, siempre y cuando el profesional sea una persona experta y realice el corte para resaltar lo bueno y disimular lo malo en cuanto a la morfología del perro.

TIPOS Y POPULARIDAD

Existen dos estándares establecidos por dos organizaciones a nivel mundial que clasifican las razas de los perros en diferentes grupos según su función y aspecto. Revisan y aprueban los estándares de cada uno para que su cumplimiento garantice una cría responsable en cuanto al bienestar morfológico y psicológico de los perros de pura raza.

Una es la FCI (Federación Cinológica Internacional), con sede en Thuin, Bélgica, y otra es la AKC (American Kennel Club), con sede en Nueva York. Básicamente las dos tratan las mismas razas pero varían los criterios del estándar de las razas. En Europa y en el resto del mundo el maltés se cría según la FCI, y lo solemos llamar el estándar europeo, y únicamente en EE. UU. se rigen por el estándar de la AKC.

Existen diferencias entre los dos estándares, siendo las más notable en el tamaño y el peso: el europeo marca la altura a la cruz en los machos entre 21 y 25 cm y entre 20 y 23 cm en las hembras, y un peso entre 3 a 4 kg. El americano es entre 7 a 9 pulgadas (17,78 cm a 22,86 cm) y un peso por debajo de 7 libras (3,1 kilogramos).

Se puede decir que son los criterios reconocidos a la hora de exponerlos para ser juzgados y premiados, pero su popularidad ha hecho que el maltés tenga características particulares según los criadores, centrándose más en aspectos estéticos, llegando en algunas ocasiones a extremos sin tener en cuenta si aquello puede ser perjudicial para la salud de los ejemplares.

Existen muchos criadores cuya única finalidad es obtener camadas para vender, centrándose en determinadas cualidades estéticas como el hocico corto y chato, ojos muy grandes, y tamaño lo más pequeño posible, y seleccionan a los adultos no basándose en el estándar sino únicamente en estos detalles.

En los últimos años se han observado numerosos problemas en los cachorros criados de esta manera debido a la alta demanda de personas que buscan este tipo específico de malteses. La crianza responsable de una raza requiere una dedicación apasionada, conlleva un proceso exhaustivo de selección de ejemplares y una observación cuidadosa, basada en años de experiencia, junto con un considerable esfuerzo económico y emocional. Aventurarse en la cría solo por seguir una moda suele llevar inevitablemente a un triste desenlace, perjudicando la calidad de la raza.

El maltés ha sido utilizado como base para mejorar otras razas desde hace muchos años, y recientemente esta ten-

Sule de Cimillet Maltese.

dencia ha resurgido con la creación de cruces entre ejemplares. Sin embargo, esta práctica es contraria a la opinión de los criadores de cada una de estas razas de forma individual.

Hay una frase en el mundo de los perros, refiriéndose a los dedicados en criar, exponer y cuidar las razas puras; «la moda estropea la raza». Ocurrió con el carlino, el bulldog frances, el yorkshire terrier y ahora con los border collies.

Mientras no haya una educación correcta y amplia sobre cómo debemos tener un perro, qué es una cría responsable y qué supone tener un perro a nivel personal, económico y emocional, este problema se repetirá una y otra vez.

BICHÓN MALTÉS EN EXPOSICIONES CANINAS

Un bichón maltés adulto debe tener el pelo largo hasta el suelo, y se considera que tiene el manto completo cuando el pelo del bigote y de las orejas llega al suelo, lo cual suele tardar aproximadamente unos 4 años cuidando el manto con dedicación continua.

Es entonces cuando el maltés de exposición está en su plenitud, tanto por el pelo como por su forma física, y por algo se le considera como la raza más difícil y espectacular de la exposición. Un maltés de exposición bien cuidado es admirado incluso por criadores y presentadores de otras razas, ya que son conocedores del duro trabajo hasta llegar a tener tal ejemplar.

Ese resultado se logra en parte gracias al empaquetado del pelaje: el manto se divide en varias secciones, desde la cabeza hasta la cola y las patas, y se envuelve en papel y plástico para evitar que el movimiento diario en casa provoque roces del pelaje con el suelo, lo que podría impedir su correcto crecimiento. Estos pequeños paquetes deben ser desenredados y vueltos a empaquetar a diario para mantener el cuidado adecuado del pelo.

El día previo a la exposición, se retiran los paquetes, se peina todo el pelaje, se baña al perro, se seca y se vuelve a empaquetar para asegurarse de que el pelo esté completamente limpio para el día siguiente. El día de la exposición, los paquetes se desenvuelven y el pelaje se alisa con una plancha para que el manto quede completamente liso. Por último, se arregla la cabeza con el característico moño que distingue a los malteses.

Al finalizar la exposición, se vuelve a empaquetar todo el cuerpo del perro para bañarlo tan pronto se llegue a casa y volver a colocarle los paquetes. En otras palabras, el trabajo no concluye hasta que se complete todo este proceso en casa. Además, esta rutina de baño debe realizarse semanalmente para mantener el pelaje hidratado, aunque en ocasiones puede ser necesario hacerlo con mayor frecuencia.

En el caso del maltés de exposición, el cuidado y arreglo del pelaje juegan un papel fundamental en la evaluación de la raza. Generalmente, los malteses que compiten no presentan fallos evidentes, por lo que la diferencia entre un ejemplar y otro puede radicar en la calidad del manto, su mantenimiento diario y su presentación. Es importante recordar que se está participando en una competencia de belleza, donde el objetivo es destacar como el ejemplar más impresionante entre todos.

Ch. N. Joy de Cimillet Maltese. Campeona de España, Portugal, Ibérico

Bichón habanero

Hoy en día, el habanero sigue siendo un favorito entre las familias de todo el mundo. Son perros pequeños, alegres, juguetones y cariñosos, con un carácter lo suficientemente sociable como para encajar en cualquier familia.

Bichón habanero

ORIGEN

Se cree que el bichón habanero es una de las razas de perros descendientes del perro de Tenerife hace más de cinco siglos. Estos perros vivían en la isla canaria de Tenerife. Formaban un grupo de pequeños perros blancos con cola larga y rizada, y pelaje ondulado o rizado, formando la familia bichón. Se cree que los perros tipo bichón, cruzados con maltés y caniche, crearon el habanero. Estos cruces, que se remontan al siglo XVII, fueron el resultado de los perros que viajaban juntos a bordo de veleros por todo el Mediterráneo y, finalmente, hasta las lejanas costas de Cuba.

Es interesante notar que la familia bichón era exclusivamente de color blanco hasta la introducción del caniche en sus líneas. El caniche, una raza de muchos colores, es la respuesta a por qué hoy vemos al habanero en una variedad de colores y patrones cromáticos.

Durante el siglo XVI, muchos diarios de navegación indicaban que los perros de Tenerife eran llevados a Cuba. Esta migración continuó a través de los siglos. Los capitanes de los barcos a menudo regalaban estos perros a los cubanos adinerados para fomentar su buena voluntad en los contratos comerciales. Los cubanos criaron estos perros que regresaron a Europa, acompañando a sus dueños desde Cuba mientras pasaban sus vacaciones en Europa.

Después de que la reina Ana de Gran Bretaña, a finales del siglo XVII, viera a un habanero en una actuación de circo, adquirió dos para ella. Es la primera propietaria conocida de habanero registrada en Inglaterra o Europa. Los aristócratas europeos acudían en masa a La Habana de vacaciones porque La Habana se convirtió en el centro cultural del Nuevo Mundo: la joya de la corona de España.

En Francia, los habaneros eran recortados como los caniches y al menos uno fue encontrado en la corte de Luis XVI a finales del siglo XVIII. Los ingleses permitieron que el pelaje del habanero fuera más natural y los llamaban «los cubanos blancos». Fueron criados para ser regalos especiales y se los consideraba un símbolo de estatus,

ya que eran perros falderos cariñosos con pelaje sedoso que no mudaban, además de un temperamento alegre.

En Inglaterra, durante el periodo victoriano de finales del siglo XIX, el habanero gozó de gran popularidad. Se exhibía en Inglaterra ya en 1863. Charles Dickens, a mediados del siglo XIX, era dueño de un habanero llamado Tim. Más recientemente, otro autor famoso, Ernest Hemingway, también poseía uno o dos habaneros.

Durante muchos siglos, el bichón habanero ha sido un perro muy querido en Cuba. En 1959, Fidel Castro llegó al poder implantando una dictadura. Muchos cubanos huyeron para salvar su vida. Cientos de miles abandonaron Cuba entre 1960 y 1979, y muchos bichones habaneros hubieron de quedarse con amigos y familiares. Muchos pedigríes y documentación de los ejemplares se perdió entonces. Teniendo en cuenta qué tiempos eran aquellos, era muy difícil y peligroso

sacar algo de Cuba de contrabando; sin embargo, se sabe que un par de familias escaparon con sus perros. Eran las familias Pérez y Fantasio, que se convirtieron en los primeros criadores de bichones habaneros en Estados Unidos y trabajaron juntos para preservar la raza. Otra persona, Ezequiel Barba, pudo escapar a Costa Rica con sus perros.

En Estados Unidos, Dorothy y Bert Goodale, en la década de 1970, vieron una foto de dos pequeños perros blancos en la portada de una revista española en el consultorio de su dentista. Los Goodale eran criadores de perros experimentados y, cuando vieron las fotos de los habaneros, se enamoraron de ellos. Consiguieron adquirir seis habaneros y luego cinco más a Ezequiel Barba. Con estos perros, Dorothy estableció un programa de cría selectiva a partir de cuatro líneas de sangre distintas. Así comenzó el notable viaje de recuperar la raza habanera y evitar su extinción.

A mediados de la década de 1970, Dorothy desarrolló el primer estándar oficial de raza para el habanero en Estados Unidos. Siguió de cerca el estándar europeo de 1963. En 1979 fundó el Havanese Club of America y comenzó el registro de la raza. En 1996, el AKC permitió que los habaneros se exhibieran en la clase miscelánea y fueron aceptados oficialmente en el Grupo Toy en 1999.

En Cuba, el habanero continuó siendo criado, aunque en menor medida. Un ejemplo de su importancia es que, en 1992, apareció en los sellos postales cubanos. Actualmente, los habaneros se crían en todo el mundo, como resultado de la emigración de refugiados cubanos a diversos países. Curiosamente, esta raza también ha sido representada en sellos postales internacionales, apareciendo en países como Polonia, Guinea, Madagascar, Mongolia, Omán, Rumanía y Hungría.

Hoy en día, el habanero sigue siendo un favorito entre las familias de todo el mundo. Son perros pequeños, alegres, juguetones y cariñosos, con un carácter lo suficientemente sociable como para encajar en cualquier familia. Su popularidad está en aumento, no solo en las exposiciones caninas, sino también en eventos de compañía y rendimiento. Los habaneros son inteligentes, aprenden rápidamente y siempre están dispuestos a jugar y escuchar. Prefieren estar cerca de sus dueños en todo momento. Además, el hecho de que no pierdan pelo y sean considerados hipoalergénicos los convierte en una raza aún más deseada.

A lo largo de su historia, los habaneros han sobrevivido a mudanzas a tierras extranjeras, han sido mimados como símbolos de estatus social, han vivido una vida de lujo y han trabajado como perros de truco en circos itinerantes. Han vivido guerras y han sido refugiados en circunstancias extremas. Los habaneros han sido abandonados hasta el punto de casi extinguirse. Estos pequeños perros han demostrado ser supervivientes de los tiempos a través de sus leales patrones.

Una vez que se tiene un habanero, es fácil entender por qué las personas han amado a estos perros durante tantos siglos y se han esforzado tanto por proteger a esta raza contra viento y marea. Es una raza como ninguna otra. Son risas, sol, consuelo y mucho más.

Son habaneros.

CARÁCTER Y PERSONALIDAD

Los bichones habaneros son perros afectuosos y alegres. No se adaptan bien a vivir en perrera, ya que prefieren estar en compañía de sus dueños. Son perros enérgicos a los que les encanta aprender trucos y disfrutar del

tiempo de juego con sus propietarios. Son inteligentes y fáciles de entrenar, aunque requieren socialización para evitar que desarrollen timidez hacia los desconocidos.

Estos perros son conocidos por llevarse muy bien con los niños, ya que son naturalmente gentiles y cariñosos. Sin embargo, debido a su tamaño pequeño, es importante enseñar a los niños a tratarlos con cuidado, evitando que se suban sobre ellos o les tiren de las orejas o la cola.

El habanero es una raza inteligente, lo que facilita su entrenamiento en comparación con otras razas similares. No obstante, como ocurre con muchas razas pequeñas, puede tomarles más tiempo acostumbrarse a las normas de la casa. Aunque son más rápidos para aprender que otros perros de su tamaño, tu bichón habanero podría tardar un poco en avisarte cuando necesite salir al exterior. Es importante ser constante, tener paciencia y recompensar sus logros.

Es recomendable comenzar a socializar a tu habanero lo antes posible. Exponerlo a diferentes personas, animales y entornos desde temprana edad le ayudará a desarrollar una personalidad equilibrada y adaptable. Un ejemplo de esto es que, aunque a la mayoría de los habaneros no les agrada mojarse, si se crían cerca del agua, pueden convertirse en excelentes nadadores.

CARACTERÍSTICAS

Los bichones habaneros son perros extremadamente sociables y suelen llevarse bien con casi todo el mundo. Son especialmente buenos con los niños, incluso si no han crecido con ellos en casa. Sin embargo, no son la mejor opción para familias con niños pequeños o menores de 5 años. Los niños muy pequeños podrían, sin querer, lastimar a un cachorro debido a su fragilidad. Además, la torpeza natural de los niños pequeños puede hacer que estos perros se sientan nerviosos o desconfíen de ellos. Por esta razón, es recomendable esperar hasta que sean un poco mayores antes de introducir un cachorro habanero en el hogar.

Aunque se recomienda evitar que convivan con niños muy pequeños, los habaneros son excelentes compañeros para niños mayores. Estos perros alertan sobre la presencia de extraños o ruidos inusuales en la casa. Aunque en

no es completamente precisa. Ningún perro es absolutamente hipoalergénico o exento totalmente de muda. Sin embargo, los habaneros pierden mucho menos pelo que otras razas. Tienen «pelo» en lugar de «pelaje», lo que significa que mudan una cantidad similar a la de un ser humano. No se encuentran grandes cantidades de pelo en la casa, la ropa o los muebles. Son una buena opción para personas con alergias, aunque en casos de alergias graves podrían provocar alguna reacción. Para la mayoría, los síntomas son mínimos y manejables en comparación con otras razas. Si tienes alergias, lo ideal es interactuar con algunos habaneros antes de tomar la decisión de adoptar uno.

SALUD Y CUIDADOS

Los bichones habaneros requieren mucha interacción con las personas y, por lo general, se llevan bien con otras mascotas si se les socializa adecuadamente. Les gusta disfrutar de actividades al aire libre. Aunque pueden ser buenos perros guardianes debido a su capacidad para alertar sobre la presencia de extraños, su pequeño tamaño los limita en este papel. Sin un adecuado entrenamiento, algunos habaneros pueden ladrar en exceso. Su pelaje requiere cepillado y peinado al menos tres veces por semana para evitar enredos, aunque no necesitan ser recortados.

general son tranquilos. Algunos pueden ser más «vocales» que otros, pero no son excesivamente ruidosos.

Criados específicamente para ser animales de compañía, los habaneros disfrutan siendo parte de la familia. Además de destacar por su apariencia, muchos dueños participan en competencias de obediencia y agilidad con sus bichones habaneros. Son perros que aprenden trucos con rapidez y les encanta lucirse frente a los amigos y familiares.

Los habaneros son conocidos por ser hipoalergénicos y por no perder mucho pelo, aunque esta afirmación

Bichón habanero

Esta raza es ideal para personas que buscan un perro pequeño, activo y que no necesite un jardín grande, siempre y cuando se le proporcionen paseos frecuentes y juegos de búsqueda. Los habaneros no se adaptan bien a estar solos durante largos periodos de tiempo. Su esperanza de vida suele ser de entre 10 y 15 años.

En cuanto a la alimentación, los habaneros necesitan una dieta nutritiva y adecuada para su edad. Al igual que los humanos, la dieta puede influir en su bienestar general y comportamiento. Es fundamental controlar la cantidad de alimento que reciben, ya que un exceso puede llevar a la obesidad, un problema grave de salud que puede desencadenar otras complicaciones. Además de una dieta equilibrada, el ejercicio es clave para mantener a estos perros felices y saludables. Aunque su tamaño les permite gastar energía dentro de casa, disfrutan del aire libre, ya sea en paseos, corriendo en el jardín o jugando a buscar objetos. Disfrutan mucho pasando tiempo con su familia al aire libre.

Los bichones habaneros son, en general, una raza bastante saludable, aunque, como todas las razas, pueden tener predisposición a ciertos problemas genéticos.

Los criadores responsables realizan pruebas de salud en los padres para detectar y evitar la transmisión de estos problemas, asegurando así cachorros más saludables.

Algunas de las pruebas genéticas recomendadas para los padres de los habaneros incluyen:

- ✷ Cataratas juveniles y atrofia progresiva de la retina (PRA): Se recomienda un examen ocular anual (certificado por la OFA).
- ✷ Sordera congénita: Se realiza mediante la prueba BAER (Respuesta Evocada en Audio Cerebral).
- ✷ Enfermedades cardiacas congénitas
- ✷ Luxación de rótula
- ✷ Displasia de cadera y codo: Evaluación radiológica
- ✷ Enfermedad de Legg-Calvé-Perthes (LCP): Evaluación radiológica de la articulación de la cadera

Criadores responsables van más allá del mínimo exigido, realizando todas las pruebas necesarias para garantizar la salud de sus perros antes de considerar la reproducción.

CUIDADO DEL MANTO

El bichón habanero posee un pelaje bonito que puede ser sedoso, tener una ligera ondulación o incluso formar rizos densos. Se presenta en una variedad de colores, incluyendo blanco, negro, gris, marrón y rojo, y su pelaje puede exhibir diferentes patrones, como atigrado, sable, bicolor y tricolor. El cepillado es una parte esencial de su cuidado; se recomienda al menos dos o tres veces por semana, aunque hacerlo con más

frecuencia ayuda a prevenir enredos. Además, necesitará un corte o recorte de higiene cada pocas semanas o una vez al mes, dependiendo del estilo de corte, la longitud del pelaje y la decisión de los dueños de mantenerlo largo o no.

Cuando se trata del estilo de corte de pelo, tienes la opción de elegir el que mejor se adapte a la personalidad y estilo de vida de tu perro. Muchos propietarios prefieren un corte más corto, como el «corte de cachorro». Para facilitar el mantenimiento, también puedes aprender a hacerlo tú mismo o acudir a un peluquero profesional. En cualquier caso, el pelaje del habanero requiere un mantenimiento regular para mantenerlo limpio y saludable.

La frecuencia del baño de tu habanero dependerá de la suciedad que acumule, siendo totalmente recomendable cuando lo necesite sin importar el intervalo. Después del baño o tras mojarse, es aconsejable limpiar sus oídos con una torunda de algodón y una solución limpiadora específica para perros, evitando siempre los hisopos de algodón.

Las uñas deben cortarse cada uno o dos meses; puede hacerse durante las visitas al peluquero profesional o en casa con un cortaúñas adecuado. Para prevenir manchas de lágrimas, límpiale alrededor de los ojos con una gasa y suero fisiológico varias veces a la semana o según sea necesario.

No olvides cepillar los dientes de tu perro con regularidad, preferiblemente varias veces a la semana. Esto no solo ayudará a evitar el mal aliento, sino que también reducirá el riesgo de enfermedad periodontal, mejorando la salud dental de tu habanero.

POPULARIDAD Y DISPONIBILIDAD

Algunas razas son muy demandadas por el afán de lo exótico o desconocido. Otras razas, incluidas algunas muy visibles hoy en día, han ido ganado su notoriedad gracias al desarrollo de sus cualidades a lo largo de muchos años de crianza responsable por parte de criadores comprometidos. Además, hay un factor cultural y social a considerar: en países asiáticos con espacios habitacionales más reducidos, las razas pequeñas son más populares y, por ello, han sido criadas con mayor atención y dedicación.

El habanero, por ejemplo, tiene un pelaje largo y abundante que lo protege de climas fríos, donde los inviernos son más largos y duros. Sin embargo, esta no es una raza para vivir en exteriores, sino todo lo contrario. Curiosamente, el habanero es muy popular en los países nórdicos europeos, donde los clubes dedicados a la raza son muy activos y mantienen una intensa actividad.

Hoy en día, contactar con un criador en cualquier parte del mundo es más fácil gracias a internet. Incluso existen servicios de transporte de animales por aire, en caso de que no sea posible recoger un cachorro personalmente. Aunque estas opciones pueden ser costosas, es importante recordar que estamos acogiendo a un compañero que nos brindará amor durante un promedio de 12 a 15 años. Por eso, asegurar su buena salud y temperamento es crucial, aunque muchas veces estos aspectos se pasan por alto. Estas cualidades son esenciales para evitar frustraciones y decepciones desde el principio y disfrutar plenamente de nuestro amigo peludo.

EL BICHÓN HABANERO EN EXPOSICIÓN CANINA

En comparación con el maltés y el bichón frisé, el habanero es menos exigente en cuanto a cuidados.

Según el estándar de la raza, no se permite cortar ni rasurar el pelaje, y debe presentarse con un aspecto natural, salvo por pequeños arreglos en las patas para mantenerlas limpias, y despejar los ojos y el hocico, preferiblemente sin modificar el resto del manto.

Bichón frisé

El encantador bichón frisé es uno de los supervivientes más destacados del mundo canino, utilizando su carisma e inteligencia para superar los desafíos de la historia.

ORIGEN E HISTORIA

Este perro ha logrado sobrevivir a guerras mundiales, revoluciones y la caída de imperios, adaptándose con facilidad a cualquier reto que se le ha presentado a lo largo del tiempo.

El bichón frisé comenzó su andadura como compañero de la nobleza. Los llamados «perritos blancos» han ejercido una fascinación entre la realeza y los aristócratas durante tanto tiempo que no podemos decir con certeza cómo empezó todo. Sabemos que los pequeños perros falderos se intercambiaron en la cuenca mediterránea durante milenios. Cleopatra, según cuenta la leyenda, era una fanática de los «perritos blancos».

Más formalmente, los miembros de este clan canino se conocen como perros tipo barbichon, un término general para razas como el boloñés, el habanero, el maltés y el bichón frisé. Se cree que estas razas comenzaron su desarrollo moderno en Tenerife, la más grande de las islas Canarias. Una de estas razas se asoció tanto con la isla que se la conoció como el bichón Tenerife. Rápido, inteligente y agradable a la vista, el pequeño bichón Tenerife se convirtió en el antepasado principal del actual bichón frisé.

Actualmente la palabra *bichón* suele referirse al bichón frisé, por lo que, al menos en esta parte del libro, los nombraremos solamente como bichón.

La estrecha relación de la raza con los nobles europeos comenzó en algún momento del siglo XIII. En particular, se ganaron el cariño de las cortes reales de España, Italia y Francia, y alcanzaron su máximo esplendor durante el Renacimiento.

Sabemos mucho sobre la trayectoria del bichón como calentador de regazos reales gracias a las numerosas

apariciones de la raza en retratos de los grandes maestros de la pintura. Una célebre pintura renacentista de Tiziano, que se encuentra en El Prado, muestra a Federico Gonzaga, I duque de Mantua, acariciando a un bichón lanudo de color crema. Unos 250 años después, un retrato de Miss Beatrix Lister (1765), que se encuentra en la National Gallery de Washington, firmado por Sir Joshua Reynolds, demuestra que el bichón seguía disfrutando de una vida de lujo.

Como artista de circo

Con la llegada de la Revolución Francesa en 1789, los días del bichón como la mascota mimada de la aristocracia llegaron abruptamente a su fin. Uno a uno, los benefactores de la raza fueron llevados a prisión o a la guillotina, y sus bichones perdieron su posición de privilegio en casas de ciudad y palacios. Muchos fueron echados a la calle para valerse por sí mismos. Los artistas callejeros acogieron a estos perros brillantes y ágiles y los entrenaron para hacer volteretas, caminar sobre sus patas traseras, agitando ambas patas en el aire, y realizar otros trucos destinados a sacar una moneda o dos de los transeúntes.

No pasó mucho tiempo antes de que el bichón frisé ganara su sustento como artista de circo. Adiestrables, increíblemente adorables y siempre en su mejor momento cuando están en el centro de

atención, los bichones eran excelentes candidatos para el éxito en el mundo del espectáculo.

Entrando al ring de exhibición

Gracias a sus entretenidas travesuras que encantaban al público, los bichones sobrevivieron, pero en el siglo XX enfrentaron tiempos difíciles debido a la escasez y austeridad provocadas por las dos guerras mundiales. Una vez más, muchos bichones se encontraron a la intemperie. Gracias a unos pocos aficionados que recogieron bichones de las calles de Francia y Bélgica, la raza sobrevivió y fue reconocida en Francia bajo los auspicios de la Société Centrale Canine en marzo de 1933 como el Bichon à Poil Frisé, el bichón de pelo rizado.

El bichón de hoy

El bichón frisé ha recorrido un largo camino, a veces peligroso pero siempre fascinante, desde ser un compañero real y símbolo de moda hasta convertirse en la mascota moderna. Los dueños actuales mencionan muchas razones por las cuales valió la pena preservar al bichón a lo largo de los siglos.

Su pelaje de baja muda e hipoalergénico es un punto de vista importante para los propietarios que no se molestan con el cepillado diario y el recorte rutinario necesario para mantener su manto en todo su esplendor. La capacidad de entrenamiento del bichón, su rapidez y su sorprendente robustez lo convierten en una elección natural para los dueños que buscan un compañero para el adiestramiento en obediencia y agilidad.

CARÁCTER Y PERSONALIDAD

El bichón frisé es un perro con mucha energía, pero también muy adaptable a su entorno. Estas características lo hacen ideal para convivir con niños pequeños. Además, como es muy sociable tanto con humanos como con otras mascotas, el bichón encaja perfectamente en la mayoría de las familias y es una mascota ideal para estar en el regazo.

Tiene un temperamento extremadamente alegre y jovial, lo que lo convierte en un maravilloso perro de compañía. Le encanta ser amado y tiene un enorme deseo de ser el centro de atención. Es juguetón, amigable, muy optimista y se adapta rápidamente a nuevas personas y animales.

A pesar de que este perro tiene una vena independiente, odia estar solo. Si se le deja solo durante muchas horas, se sabe que sufre ansiedad por separación. Pero, en el momento en que regrese su amo, volverá a ser él mismo, feliz y juguetón.

El bichón frisé es una raza sumamente inteligente y de rápido aprendizaje, lo que facilita su adiestramiento sin necesidad de mucho esfuerzo. Son

perros ideales para la familia, ya que se llevan muy bien con los niños y otras mascotas. No obstante, es fundamental socializarlos adecuadamente desde una edad temprana. De lo contrario, si el perro se vuelve un poco nervioso, podría desarrollar la tendencia a ladrar e incluso morder a un niño u otro animal.

Aunque son pequeños, los bichones frisé pueden intentar proteger su espacio y su familia, por lo que ladrarán ante cualquier cosa cuando esté en alerta. A pesar de esto, no es una raza agresiva. Criados para ser compañeros, los bichones frisé destacan por su carácter alegre y optimista, haciendo que su día sea más feliz con su compañía cercana.

El bichón frisé es muy fácil de entrenar. Está ansioso por complacer a sus humanos y puede aprender una gran variedad de trucos. El entrenamiento para ir al baño y las órdenes simples como «sentado» y «quieto» suelen ser dominados rápidamente gracias a su inteligencia.

Las actividades con las que disfrutan suelen ser juegos de tira y afloja, buscar objetos y, por último, el favorito de todos los perros, relajarse en el regazo de su humano.

CARACTERÍSTICAS

Son perros longevos, muy adaptables, y aunque son infinitamente entretenidos, no requieren mucho ejercicio intenso. El bichón tiende a llevarse bien con otros perros y niños. Alerta e inmensamente leal a su humano favorito, los bichones son buenos perritos guardianes, pero son más amantes que luchadores, y actúan bajo la suposición de que no existen extraños, solo amigos que aún no han conocido. Su sociabilidad y tamaño los convierten en perros ideales para la ciudad.

El bichón es una excelente mascota familiar y es muy adecuado para familias con niños pequeños. Se adapta bien a vivir en apartamentos debido a su pequeño tamaño y puede gastar la mayor parte de su energía jugando en la sala de estar.

Aunque pueden ladrar ante ruidos extraños, no se les considera perros que ladran en exceso. Son perros muy sociables, y los extraños se convierten rápidamente en amigos del bichón frisé. Sin embargo, requieren un alto mantenimiento en cuanto a su cuidado: necesitan ser cepillados a diario a ser posible y bañados regularmente para evitar que su pelo se enrede.

El bichón frisé muestra su personalidad alegre y jovial a través de un pelaje blanco esponjoso, cola emplumada y ojos negros brillantes. Si bien esta raza es pequeña, tiene una constitución robusta y no tiene problemas para mantener una postura orgullosa y equilibrada. El pelaje de un bichón frisé tiene doble capa, es muy denso y suave y tiene un tacto sustancial. Su apariencia tan esponjosa se consigue con un cepillado adecuado que separa el pelo del cuerpo y a un corte característico que sigue las líneas del perro. Este pelaje requiere un cuidado atento para garantizar que el blanco

brillante se mantenga blanco y que el pelaje esponjoso no se enrede. Si bien es cierto que el bichón frisé no muda mucho pelo, todos los animales que tienen pelo mudan un poco. La diferencia con esta raza es que el pelo que se muda queda atrapado dentro de la capa inferior o de la doble capa. De ahí lo mencionado anteriormente sobre el cepillado, pudiendo no ser diario estrictamente. Pero si este pelo muerto permanece allí durante demasiado tiempo (por falta de cepillado), el pelaje esponjoso puede enredarse.

Una nariz negra y labios oscuros completan el rostro amistoso de este pequeño perro. Es difícil no enamorarse de la felicidad que brilla en la expresión inquisitiva de esta raza juguetona.

SALUD Y CUIDADOS
Los bichones son conocidos por su larga esperanza de vida, que puede superar los 14 años, pero pueden presentar algunas afecciones de salud comunes.

Cálculos biliares y renales

Los cálculos aparecen cuando se forman piedras de oxalato de calcio, cistina, estruvita o fosfato de calcio en la vesícula biliar o en la vejiga. Esto puede ser por una predisposición hereditaria, consecuencia de infecciones urinarias o bien estar relacionado con la dieta.

Los síntomas pueden incluir sangre en la orina, orina maloliente o dificultad para orinar. Los cálculos vesiculares pueden ser eliminados quirúrgicamente o disueltos mediante una dieta especial.

Es una afección controlable con ingesta suficiente de agua diaria cuando su causa es falta de hidratación, y con una dieta adecuada con alimentos naturales sin procesar el riesgo de los cálculos es prácticamente nula.

Enfermedad periodontal

Como en todos los perros pequeños, el bichón frisé puede desarrollar enfermedades periodontales. La prevención es la mejor arma, por lo que se recomienda que los bichones se sometan a un examen y limpieza dental en el caso de ser necesario por parte de un veterinario, siendo recomendable una vez al año para prevenir infecciones y la pérdida de dientes. Cepillar los dientes de tu perro en casa también ayudará.

Cuidado de los ojos

Debido a que los bichones son propensos a enfermedades oculares como la distrofia corneal y las cataratas, se debe realizar un examen físico exhaustivo anualmente con tu veterinario. Cualquier sospecha de lagrimeo excesivo, entrecerrar los ojos o problemas de visión se debe consultar inmediatamente con el veterinario. En épocas de mucha sequedad se recomienda aplicar lágrimas artificiales.

Cuidado de los oídos

La limpieza de oídos del bichón frisé ha de hacerse una vez al mes. La puede realizar un peluquero canino o bien en casa utilizando un limpiador de oídos de venta libre.

Ocasionalmente, los bichones pueden tener cantidades excesivas de pelo en los oídos, lo que les puede predisponer a infecciones. Si tu perro se rasca excesivamente las orejas o si le huelen mal los oídos o notas que le duelen, llévalo al veterinario para un examen.

Bichón frisé

CUIDADOS DEL MANTO

El bichón frisé tiene un pelaje largo doble, rizado y blanco. Suelta poco pelo, lo que lo convierte en excelente mascota para algunas personas que sufren de alergias a los perros.

Sin embargo, dado que no existe un perro completamente hipoalergénico, es recomendable pasar un tiempo con esta raza antes de llevar a casa un cachorro de bichón frisé para asegurarnos de que no nos produce alergia.

Cuidado de la piel

Los bichones deben ser bañados al menos una vez al mes.

Un buen champú y acondicionador para perros ayudarán a que el pelaje de tu bichón se mantenga suave y blanco.

Dicho esto, se debe evitar el baño excesivo para prevenir que la piel y el pelaje se resequen.

Cuidado del pelo

Idealmente, un bichón frisé debería ser cepillado todos los días para evitar que se le enrede el pelo. Es probable que también se necesiten visitas mensuales al peluquero canino para mantenerlos arreglados y recortados. Como con todos los perros, se recomienda comprobar que sus uñas estén cortadas, ya que esto les ayuda a mantener el equilibrio y agarre en el suelo mientras corren.

POPULARIDAD Y DISPONIBILIDAD

Existen numerosos criadores por todo el mundo para empezar a pensar qué criador es el que nos inspira más confianza a la hora de decantarnos por un cachorro. Sin embargo hay un punto que generalmente se obvia: el cuidado del manto. Nos solemos fijar en fotos de perros bien cuidados y mantenidos, sin conocimiento del proceso diario para llegar a tener un aspecto tan encantador. La popularidad de muchas razas se debe a su aspecto físico, sobre todo en el tamaño y el pelo.

El hecho de tener el pelo rizado, el aspecto de un bichón frisé cambia radicalmente cuando está con el pelo corto y estilo cómodo a cuando está arreglado con el pelo cardado y esponjoso con su corte de exposición.

En las culturas donde la estética tiene una importancia tan valorada como la salud de los perros, como en Corea o Japón, estos perros de peluquería suelen ir regularmente a los centros estéticos especializados y lucen su apariencia más glamurosa en la calle.

En Europa solemos valorar más la comodidad para los perros y las familias, por lo que si nos encontramos con un frisé sin arreglo, puede que lo confundamos con un caniche o cualquier otra raza pequeña con el pelo rizado.

Esta raza no es muy popular entre las familias que buscan un compañero de vida, y no porque no encaje como perro de compañía sino en parte debido al desconocimiento sobre ella. Sin embargo sí que es muy apreciada en las exposiciones caninas por su impresionante arreglo. Por esta razón, la disponibilidad de cachorros no es abundante.

Resulta más fácil encontrar criadores dedicados a las exposiciones en comparación con otras razas, como el maltés, donde la mayoría de los criadores no suelen participar en este tipo de eventos.

BICHÓN FRISÉ EN EXPOSICIÓN CANINA

Todos los ejemplares de todas las razas se presentan en las exposiciones bañados, limpios y arreglados de acuerdo con los estándares de su raza. Aunque en ocasiones no se permite el uso de productos de peluquería sobre el pelaje, suele pasarse por alto esta regla con bastante frecuencia.

El bichón frisé tiene un manto rizado, y su peluquería de show consiste principalmente en peinar, dar volumen al pelo y al final de todo el proceso se realiza un corte adecuado. Todo ello debe hacerse justo antes de entrar al ring, por lo que son horas y horas de trabajo que termina a las puertas de la pasarela.

Los cortes que se realizan en las orejas, barba y bigote tienen la finalidad de dar a la cabeza una forma ya sea redonda o de campana.

En el cuerpo, con el fin de dar la impresión de elegancia y esbeltez, se acorta el pelo (pero no menos de 3 cm) en el lomo y los flancos. La parte inferior del vientre está cubierta de pelo.

Extremidades y pies se recortan con el típico aspecto cilíndrico, y la cola no debe ser recortada.

Bolonka

El tsvetnaya bolonka ruso, comúnmente llamado simplemente bolonka, es una raza de perros pequeños, esponjosos y llenos de un cariño juguetón, originaria de Rusia.

Bolonka

La historia de los bolonka está profundamente conectada con los cambios políticos y sociales en Rusia. Esta raza surgió a principios del siglo XX, en un periodo en el que el gobierno soviético fomentaba el desarrollo de razas de perros nacionales. Se establecieron programas de cría para crear un perro de compañía que fuera pequeño, resistente y atractivo, adaptado a la vida urbana en Rusia. El bolonka se desarrolló a partir de varias razas pequeñas, como el bichón frisé, el caniche toy y el shih tzu, entre otras.

Hasta finales del siglo XX, el Tsvetnaya Bolonka era prácticamente desconocido fuera de Rusia. Sin embargo, su aspecto encantador y su temperamento amigable han contribuido a que la raza gane popularidad en otros países, especialmente en Europa y América del Norte.

El bolonka es una raza amigable, lista y cariñosa que disfruta mucho de la compañía humana. Generalmente, son muy buenos con los niños y suelen llevarse bien con otros perros y mascotas. Aunque son pequeños, destacan por su valentía y rara vez son tímidos o miedosos. Son fáciles de adiestrar y responden de manera positiva a las técnicas de refuerzo positivo. Como ocurre con cualquier raza, es importante socializarlos desde cachorros. Los bolonka son bastante activos y les encanta jugar, pero también disfrutan de momentos tranquilos acurrucados con sus dueños. Su capacidad de adaptación los convierte en una excelente opción para distintos tipos de hogares, ya sea en apartamentos o casas con jardín.

Son perros pequeños, generalmente con una altura que varía de 23 a 28 cm hasta los hombros y un peso de entre 2 y 5,5 kg. Su pelaje presenta gran variedad de colores, como negro, marrón, blanco, gris y rojo, a menudo con patrones y mezclas hermosos, que requiere cuidados regulares.

En general es una raza saludable, con una esperanza de vida que oscila entre los 12 y 16 años o más. No obstante, como todas las razas, pueden ser propensos a ciertos problemas de salud.

Cotón de Tulear

El cotón de Tulear, una rara y fascinante raza de perros de compañía, tiene su origen en la isla de Madagascar hace más de cuatro siglos. Durante mucho tiempo fueron criados por su notable inteligencia y su profundo vínculo con los humanos.

Cotón de Tulear

A pesar de su encanto, la disponibilidad de estos perros es limitada, no solo por su rareza, sino también porque los criadores son muy selectivos a la hora de elegir a los futuros dueños de sus preciados cachorros.

El cotón de Tulear es una raza activa y enérgica que siempre está dispuesta a liberar energía con un buen tiempo de juego. Se desarrollan mejor cuando se les proporciona ejercicio diario moderado, así que asegúrate de darles suficientes paseos tranquilos por el vecindario. Los cotones también pueden gastar su energía jugando dentro de la casa o en un patio cercado, siempre y cuando sus queridos humanos estén allí para jugar con ellos. Por otro lado, pueden volverse destructivos si se les deja solos, así que asegúrate de que puedes pasar mucho tiempo con tu nuevo perro antes de decidirte por un cotón. Esta raza es altamente recomendada para padres que se quedan en casa, personas con el nido vacío, jubilados y cualquier persona que pase la mayor parte de su tiempo en casa.

El manto es doble: una capa de mayor longitud y otra subcapa. Sin embargo se considera una raza ideal para las personas con alergia ya que no produce caspa o desprendimiento de la capa superficial del epitelio, el principal causante de la alergia.

Aunque su pelaje de algodón requiere cuidados regulares, una vez que superan la etapa de cachorro a adulto, su mantenimiento se vuelve mucho más manejable. El único momento en el que se notará algo de pérdida de pelo será al cepillarlos, o si este no se realiza con la frecuencia adecuada.

Son perros longevos que viven en promedio más de 15 años, y son esencialmente perros de compañía y prosperan en un entorno doméstico.

Uno de los aspectos más interesantes del cotón de Tulear es la gran diversidad dentro de la raza, ya que pueden ser completamente blancos o presentar diferentes grados de coloración, con tonos champán, leonado o negro alrededor de las orejas y, en ocasiones, un toque de esos mismos colores en la cara y el torso.

El tamaño es para los machos entre 26 y 28 cm, y para las hembras, de 23 a 25 cm. Pesan de 4 a 6 kilos como máximo los machos y de 3,5 a 5 kilos como máximo las hembras.

Pequeño perro león o lowchen

Los lowchen son perros encantadores y excelentes compañeros, siempre con una actitud positiva y extrovertida. Su porte es majestuoso, lo que les da un estilo único.

El lowchen ha sido destacado en el libro Guinness de los récords mundiales en dos ocasiones: una vez como el perro más caro y otra como el más raro del mundo. Esta raza es activa, equilibrada y de constitución fuerte, combinando una personalidad tranquila con un espíritu juguetón.

Son increíblemente inteligentes, cariñosos y sociables. Además, se destacan por su lealtad, devoción y deseo de complacer a su familia. Estos perros valientes, ingeniosos y audaces, tienen un carácter amable y sensible que los hace muy apegados a sus seres queridos. El lowchen se lleva bien con los niños, otros perros y otras mascotas.

El lowchen es afectuoso y amoroso. Disfruta cuando está con sus dueños y puede adaptarse a cualquier lugar donde viva, ya sea un apartamento o una gran finca. No debe dejarse afuera o en una perrera, ya que esto no solo perjudicará su salud, sino que también provocará muchos problemas temperamentales.

Aunque su apariencia pueda parecer delicada, en realidad son bastante robustos y resistentes.

Son protectores y no dudarán en ladrar para alertar sobre cualquier posible peligro o la llegada de visitantes.

Con un carácter alegre y juguetón, el lowchen es divertido sin ser hiperactivo ni demasiado nervioso.

El nombre de «perro león» proviene del corte tradicional del lowchen, con las patas traseras afeitadas y una melena natural y completa, pero el apodo también se aplica a la gran personalidad de este pequeño perro. Los lowchens encarnan perfectamente la frase «perro pequeño... gran personalidad», lo cual puede ser tanto una alegría como una frustración.

El tamaño del pequeño perro león es similar al de los bichones, siendo de 26 a 31 cm la altura a la cruz con un peso aproximado de 6 kilos.

Aunque generalmente son saludables, la raza puede ser propensa a ciertas afecciones como la luxación de rótula y problemas dentales, lo que subraya la importancia de un cuidado veterinario regular.

APÉNDICE
Estándares de bichones

APARIENCIA GENERAL:

Tamaño pequeño, robusto y compacto, cubierto con una capa de pelo color blanco puro, largo y esponjoso y un cuerpo cuadrado.

COMPORTAMIENTO / TEMPERAMENTO:

Muy sereno, por lo general no muy activo. Es valeroso, dócil, muy apegado a su amo y a su ambiente.

CABEZA:

Largo medio, con la trufa grande y debe ser siempre negra. Con las mandíbulas normalmente desarrolladas, con el arco superior e inferior perfectamente adaptado. Dientes blancos alineados de manera uniforme, con una dentadura fuerte y completa.

La articulación de los incisivos como mordida en tijera; se tolera la mordida en pinza.

OJOS:

Tamaño ligeramente superior al normal. Los bordes de los párpados deben ser negros, y el iris de un color ocre oscuro.

OREJAS:

De inserción alta, son largas y colgantes, pero más bien rígidas en su base

CUERPO:

El perro debe tener una estructura cuadrada, la longitud del cuerpo, con un perfil recto de la espalda y el lomo, ligeramente convexo, se fusionan armoniosamente en la línea de la grupa.

EXTREMIDADES:

Apariencia general: Los antebrazos son perfectamente rectos y paralelos en relación con el plano medio del cuerpo. Los miembros posteriores visto desde atrás deben seguir desde la punta del isquion al suelo en una línea perfectamente vertical, miembros paralelos entre sí.

MANTO:

Pelo: Largo en todo el cuerpo, desde la cabeza hasta la cola, desde la línea superior a los pies. Es más corto sobre el hocico. Forma largos mechones que tienen la misma textura en todo el cuerpo, más bien vaporoso, no cae liso y apretado, y nunca muestra cordones.

Color: Blanco puro, muy ligeras tonalidades de marfil no descalifican.

TAMAÑO Y PESO:

Altura a la cruz en los machos entre 27 y 30 cm, hembras entre 25 y 28 cm. Su peso es entre 2,5 y 4 kg.

FALTAS:

Cualquier desviación de los criterios antes mencionados se considera como falta y la gravedad de esta se considera respecto al grado de la desviación al estándar y de sus consecuencias sobre la salud y el bienestar del perro. Entre las faltas graves se encuentra el tamaño fuera del estándar, estrabismo y prognatismo y, entre las descalificantes, timidez y agresividad, despigmentación de la trufa y párpados, y color que no sea blanco.

ESTÁNDAR DEL BICHÓN HABANERO

APARIENCIA GENERAL:

Es un pequeño perro vigoroso, bajo sobre las patas, de pelo largo, abundante, suave y preferentemente ondulado. Sus movimientos son vivos y elásticos.

COMPORTAMIENTO / TEMPERAMENTO:

Excepcionalmente despierto, es fácil de educar como perro de alarma. Afectuoso, de naturaleza alegre; es amable, cálido, gracioso, juguetón e incluso un poco bufón. Quiere a los chicos y juega interminablemente con ellos.

CABEZA:

De largo medio, su trufa es de color negro o marrón. La mordida en forma de tijera, se busca una dentadura completa. Se tolera la ausencia de premolares 1 (PM1) y de los molares 3 (M3).

OJOS:

Bastante grandes, en forma de almendra, de color marrón lo más oscuro posible. Expresión amable. El contorno del ojo debe ser marrón oscuro a negro.

OREJAS:

Implantadas relativamente altas, caen a lo largo de las mejillas formando un pliegue discreto que las eleva ligeramente, cubiertas de un pelo en largos flecos.

CUERPO:

El largo del cuerpo supera ligeramente la altura a la cruz.

Con una cola llevada alta, sea en forma de bastón pastoral (con la extremidad superior curvada, en forma de voluta) o, preferentemente, enrollada sobre la espalda.

EXTREMIDADES:

Los miembros anteriores son rectos y paralelos, y los posteriores con una osamenta y angulaciones moderadas.

MANTO:

Pelo: La capa interna, lanosa, está poco desarrollada; a menudo está totalmente ausente. La capa de cobertura es muy larga (12-18 cm en un perro adulto), suave, lacia u ondulada, y puede formar mechas rizadas.

Están prohibidos todo arreglo, todo emparejamiento del largo de los pelos con tijeras y toda depilación.

Excepción: se autoriza una limpieza de los pelos de los pies, los pelos de la frente pueden ser ligeramente recortados a fin de que no cubran los ojos, y los pelos del hocico pueden ser ligeramente cortados, pero es preferible dejarlos al natural.

Color: Raramente completamente blanco puro, leonado en sus diferentes tonalidades (se admite con ligero carbonado), negro, marrón habano, color tabaco, marrón rojizo. Se admiten manchas en los colores listados.

Se permiten marcaciones color fuego en todos los matices.

TAMAÑO:

Altura a la cruz: de 23 a 27 cm.

FALTAS:

Cualquier desviación de los criterios antes mencionados se considera como falta y la gravedad de esta se considera al grado de la desviación al estándar y de sus consecuencias sobre la salud y el bienestar del perro. Entre las faltas graves contamos con un aspecto general sin tipo y cuerpo muy largo o corto, y las descalificantes como anormalidades físicas o de comportamiento, trufa despigmentada y tamaños por debajo o encima al estándar.

ESTÁNDAR DEL BICHÓN FRISÉ

APARIENCIA GENERAL:

Un pequeño perro alegre, con un movimiento vivaz y muy suelto y un pelo blanco rizado como tirabuzón. Lleva la cabeza con orgullo; los ojos son oscuros, alegres y expresivos. La cola es llevada graciosamente curvada sobre el dorso.

PROPORCIONES IMPORTANTES:

El bichón frisé es más largo que alto, la longitud del cuerpo (desde la punta del hombro hasta la punta del isquion) es mayor que la altura a la cruz. El cuerpo es rectangular.

COMPORTAMIENTO / TEMPERAMENTO:

Es un verdadero perro de compañía que se puede llevar a cualquier sitio sin problemas. No es nervioso ni ladra a menudo, es muy sociable hacia las personas y los perros, incluso si no los conoce. Tiene una gran capacidad de adaptación y está muy apegado a sus amos.

CABEZA:

Bien proporcionada con el cuerpo. Los ojos y la nariz, siendo los tres puntos negros fácilmente visibles en una cabeza totalmente blanca, deben formar un triángulo equilátero.

Su nariz es redondeada, negra, lustrosa y de estructura granular, con la mandíbula superior e inferior anchas, cada una con seis incisivos establecidos de manera uniforme. Se prefiere la mordida en tijera; la mordida en pinza es tolerada. Se prefiere dentición completa.

OJOS:

Muy oscuros, de tamaño medio, más bien de forma redonda, nunca almendrados ni protuberantes. La pigmentación de los párpados completamente negra. Cuando el perro mira hacia adelante, la parte blanca de los ojos no debe ser visible.

OREJAS:

Las orejas son caídas y están bien cubiertas con abundante pelo. Insertadas por encima de la línea de los ojos, formando un triángulo equilátero y cuelgan verticalmente a lo largo de las mejillas.

EXTREMIDADES

Vistos de frente, los miembros anteriores son rectos. Hueso moderado y los hombros bien inclinados.

Los miembros posteriores con la pelvis ancha, las extremidades posteriores son bien musculosas y visto desde atrás, son paralelas entre sí.

MANTO

Pelo: Pelo profuso. El pelo de la capa exterior forma rizos como espirales sueltas (Esta es la estructura del rizado). Debe estar presente una capa interna suave y densa. El pelo no es ni lacio ni acordonado, ni lanudo, ni enmarañado.

Color: Blanco puro. Sin embargo, antes de los 12 meses de edad, el pelo puede tener la tendencia a ser ligeramente beige (champán), pero esto no debe abarcar más de 10 % del perro.

TAMAÑO Y PESO:

Altura a la cruz: 25 a 29 cm y aproximadamente 5 kg.

FALTAS: Cualquier desviación de los criterios antes mencionados se considera como falta y la gravedad de esta se considera al grado de la desviación al estándar y de sus consecuencias sobre la salud y el bienestar del perro.

Algunas faltas graves pueden ser la falta de seguridad en sí mismo y un color que no sea blanco puro ni de suficiente calidad a excepción de los me-

nores de 12 meses. Otras faltas descalificantes son un carácter muy desviado, estar estructuralmente mal formado con un tamaño fuera de lo que marca el estándar y una mala mordida.

ESTÁNDAR DEL BICHÓN BOLOÑÉS

APARIENCIA GENERAL:

Tamaño pequeño, robusto y compacto, cubierto con una capa de pelo color blanco puro, largo y esponjoso, con un cuerpo cuadrado, siendo la longitud del cuerpo es igual a la altura a la cruz.

COMPORTAMIENTO / TEMPERAMENTO:

Muy sereno, por lo general no muy activo. Es valeroso, dócil, muy apegado a su amo y a su ambiente.

CABEZA:

Largo medio. Su trufa debe ser grande y siempre negra. Las mandíbulas normalmente desarrolladas, con el arco superior e inferior perfectamente adaptado. Dientes blancos alineados de manera uniforme, con una dentadura fuerte y completa.

Articulación de los incisivos como mordida en tijera; se tolera la mordida en pinza.

OJOS:

De tamaño ligeramente superior al normal con los bordes de los párpados que deben ser negros, y el iris de un color ocre oscuro.

OREJAS:

De inserción alta, son largas y colgantes.

COLA:

Situada en la línea de la grupa, llevada curvada sobre la espalda.

EXTREMIDADES:

Apariencia general: Los antebrazos son perfectamente rectos y paralelos en relación con el plano medio del cuerpo y los miembros posteriores visto desde atrás deben seguir desde la punta del isquion al suelo en una línea perfectamente vertical, los miembros paralelos entre sí.

MANTO:

Pelo: Largo en todo el cuerpo, desde la cabeza hasta la cola, desde la línea superior a los pies. Es más corto sobre el hocico. Forma largos mechones que tienen la misma textura en todo el cuerpo, más bien vaporoso, que no cae liso y apretado, nunca muestra cordones.

Color: Blanco puro, muy ligeras tonalidades de marfil no descalifican.

TAMAÑO Y PESO:

Altura a la cruz en los machos entre 27 y 30 cm; hembras entre 25 y 28 cm. Un peso de entre 2,5 y 4 kg.

FALTAS:

Cualquier desviación de los criterios antes mencionados se considera como falta y la gravedad de esta se considera en relación al grado de la desviación al estándar y de sus consecuencias sobre la salud y el bienestar del perro. Entre las faltas graves cuenta el estrabismo, prognatismo y tamaño fuera del estándar. Entre las descalificantes, la agresividad o extrema timidez, trufa y párpados despigmentados, ausencia de cola y color que no sea blanco y parches y manchas.

EXPOSICIONES CANINAS

Las exposiciones caninas son exhibiciones en las que los perros de raza pura son evaluados y premiados en función de su conformidad con el estándar oficial de su raza. Estas competiciones se realizan en todo el mundo y son una parte importante del mundo de la cinofilia (la cría y exhibición de perros de raza). Las exposiciones caninas suelen ser organizadas por clubes caninos nacionales o internacionales, y las más prestigiosas, como el Westminster Kennel Club Dog Show o Crufts en el Reino Unido, atraen a miles de competidores y espectadores.

Las exposiciones caninas están reguladas por organizaciones como la Federación Cinológica Internacional (FCI) a nivel internacional, y por clubes nacionales en cada país, como la Real Sociedad Canina de España (RSCE). Estas organizaciones establecen los estándares de cada raza, las reglas de competencia y supervisan la calidad de los eventos.

Tipos de Exposiciones Caninas

Hay diferente tipos de exposiciones caninas, pero no todas las razas son aptas. Los bichones son razas presentadas casi única y principalmente en las exposiciones de belleza, aunque hay ejemplares que participan en las pruebas de agility y realmente es muy entretenido verlos correr y saltar.

En las exposiciones de belleza los perros son juzgados según cómo se ajustan al estándar de su raza en términos de apariencia, estructura, movimiento, y temperamento. Los jueces comparan cada perro con la descrip-

ción ideal de su raza para determinar el ganador. Estas son las que más conoce la gente como exhibiciones caninas como tal y suelen atraer mucho público. Es una ocasión donde se evalúa al perro de manera más integral como un compañero equilibrado.

Los jueces realizan las valoraciones en el proceso del juicio, y eligen el mejor ejemplar de cada clase por edad y título previo, por cada sexo y en el último lugar el mejor de todos.

Hay una evaluación individual primeramente, donde cada perro se presenta individualmente ante el juez. Este lo revisa en una mesa o en el suelo, observando aspectos como la mordida, la estructura ósea y la calidad del pelaje, tocando al ejemplar y cepillando el pelo si es necesario.

Seguidamente estudiará el movimiento, haciendo su recorrido en el ring, para estudiar al perro en diferentes direcciones, observando su forma de andar y su postura.

Una vez evaluados todos los perros, el juez selecciona a los mejores dentro de cada grupo, comparando cómo se ajustan al estándar de su raza, y finalmente, se seleccionan los ganadores dentro de las distintas categorías: mejores de raza, mejores de grupo y, en las finales, el mejor del show.

Las exposiciones caninas tienen varios propósitos:

Mejorar las razas: uno de los principales objetivos es mejorar las razas mediante la identificación y promoción de los mejores ejemplares, lo que ayuda a los criadores a seleccionar perros para futuras generaciones.

Educación: las exposiciones también son una oportunidad para educar al público sobre las diferentes razas y la importancia de la cría responsable.

Competencia y orgullo: para muchos propietarios, participar en exposiciones es una fuente de orgullo y una oportunidad de competir en un ambiente respetuoso y profesional.

En resumen, las exposiciones caninas no solo son una forma de competencia, sino que también juegan un papel crucial en la conservación, promoción y mejora de las razas caninas.

Preparación de los bichones para la exposición

Los bichones son muy vistosos por su pelaje tan abundante y largo, no solamente en las exposiciones sino en la vida diaria. El mantenimiento del manto largo supone mucho trabajo y paciencia, pero cuando sales a la calle con un bichón de pelo largo e impecablemente cuidado, notarás cómo la gente se da la vuelta y admira la belleza de estos pequeños. Muchos de los bichones disfrutan de la atención de la gente, y como son tan sociables, siempre están dispuestos a una caricia y palabras amables de los paseantes.

Desde una edad temprana, una vez que el criador ha seleccionado al cachorro como un ejemplar de exposición por cumplir con los estándares de la raza y por sus cualidades para mejorar la línea de cría, los pequeños son entrenados de forma lúdica. Este entrenamiento incluye enseñarles a caminar correctamente con correa, moverse con elegancia en el ring de exposición y familiarizarse con el contacto de personas desconocidas, asegurándose de que no muestren timidez o miedo. Todo esto se hace como un juego, para que el cachorro disfrute mientras se prepara para su futuro en las exposiciones caninas.

Es un arduo trabajo basado en la constancia y paciencia, ya que todo es un mundo nuevo para ellos y nada debe ser traumático ni desagradable en su futura carrera como perro de exposición.

A medida que los cachorros van creciendo, la peluquería de exposición adquiere cada vez más relevancia y ocupa un lugar importante tanto en el cuidado como en el tiempo dedicado. El proceso de preparar su pelaje comienza a tomar forma desde una edad temprana, ya que el aspecto final será clave en las competiciones, donde la apariencia y el arreglo juegan un papel fundamental.

El cuidado de un perro de exposición requiere una atención diaria y detallada. En el caso del maltés, por ejemplo, es necesario cepillar su pelaje todos los días y bañarlo semanalmente utilizando los mejores productos. Además, en razas como esta, su pelo debe ser recogido en pequeños paquetes para evitar daños por roce y sequedad, un proceso que debe realizarse a diario. Mantener el pelaje de un blanco puro y de una calidad excepcional es especialmente desafiante en perros de manto blanco, y esto es clave para las exposiciones. De hecho, entre todos los bichones, e incluso entre muchas razas, el maltés es considerado el más difícil de preparar para una exposición.

A pesar de su pequeño tamaño, los malteses a menudo logran colocarse entre los tres mejores perros del grupo 9 (perros de compañía) y entre los tres mejores de toda la exposición. Esto demuestra el enorme esfuerzo y dedicación que implica preparar a un bichón para competir.

Cualquier bichón que se prepara para una exhibición requiere muchas horas de dedicación diaria, principalmente debido al cuidado que necesita su manto, que debe lucir impecable. Este cuidado es un requisito imprescindible en cualquier competición canina. Sin embargo, el orgullo que se siente al presentar un perro al que se ha cuidado con tanto amor es inmenso, y el vínculo que se forma entre tú y tu compañero peludo es, sin duda, algo único e inigualable.

Títulos publicados en esta colección

Títulos publicados en esta colección